U0966084

乡村振兴说战旗系列丛书

总主编　杨团　仝志辉　刘建进

乡村振兴说战旗·产业篇

陈　静　陈晶晶　著

華東理工大學出版社
EAST CHINA UNIVERSITY OF SCIENCE AND TECHNOLOGY PRESS
·上海·

图书在版编目（CIP）数据

乡村振兴说战旗. 产业篇 / 陈静，陈晶晶著.
上海：华东理工大学出版社，2024. 8. --ISBN 978-7-5628-7441-6

Ⅰ. F327. 715

中国国家版本馆 CIP 数据核字第 2024WU2141 号

策划编辑 / 刘　军
责任编辑 / 藕　园
责任校对 / 章斯纯
装帧设计 / 肖祥德
出版发行 / 华东理工大学出版社有限公司
地址：上海市梅陇路 130 号，200237
电话：021－64250306
网址：www.ecustpress.cn
邮箱：zongbianban@ecustpress.cn
印　　刷 / 杭州日报报业集团盛元印务有限公司
开　　本 / 890 mm×1240 mm　1/32
印　　张 / 6.75
字　　数 / 123 千字
版　　次 / 2024 年 8 月第 1 版
印　　次 / 2024 年 8 月第 1 次
定　　价 / 48.00 元

乡村振兴说战旗
系列丛书

组织编写

北京农禾之家咨询服务中心

中共成都市郫都区委党校

四川战旗乡村振兴培训学院

总主编

杨　团　仝志辉　刘建进

编委会成员(按姓氏笔画排序)

仝志辉　刘建进　李光菊　杨　团

杨明学　余文正　陈　静　陈晶晶

易奉阳　高德敏　郭　静

总序

乡村振兴作为国家战略，是从现在起持续到 2050 年的长期事业。全国 49 万多个村庄，38 558 个乡镇，2 843 个县，能否走出一条适合当地资源条件，满足农民生计发展需要，缩小乡村内部差距和区域差距、城乡差距的道路，实现共同富裕、城乡共融，是对这一战略实施效果的检验。

每个村庄、每个乡镇、每个县区，所走的路可能形态不同，分属于不同的类型，但都有相同性质的工作内容。乡村振兴是公共事业，必须包含“适合当地、整体提升、均衡可持续”这三大公共性目标诉求，并且需要从社会资源平等分配、农民主体性和平等参与、公共利益建设与维护等维度去做回应。

1990 年全国村级组织建设座谈会，史称“莱西会议”，总结出“党的领导、村民自治、集体经济”三大基本原则。这三大基本原则将贯穿在本地域的乡村振兴实践当中，可以实实在在地将以人民为中心的发展思想落实到基层，实现三大公共性目标诉求。

在中国 960 万平方千米的国土上，有没有成功贯彻这三大基本原则、实现三大公共性目标诉求的村庄呢？有。四川省成都市郫都区战旗村就是其中的一个好案例。

这个村自 1965 年独立建村（2020 年与相邻的金星村合并成今天的战旗村）以后，八任党组织书记接力领导，带领全体村民，通过企业改制、农地集中、建设新型小区，以集体土地为资本，发展出了与市场经济相容的多层级的农村集体经济，走出了一条普通农业村庄逐步实现乡村振兴的路子。值得一提的是，这个村的重要事项都由村民说了算。

2018 年春节前夕，习近平总书记考察了战旗村，看到战旗村的基层党建好、集体经济强，特别是人人参与，大家都有获得感，就以“战旗飘飘，名副其实”表达对战旗村工作的赞誉。习近平总书记还希望战旗村在未来振兴乡村的事业中继续“走在前列、起好示范”。

农业农村现代化是中国式现代化的重要内容。战旗村的发展实现了第二次飞跃，其基础是基层党组织领导下的新型集体经济。它特别表现为村庄集体的主体性和村民个体的主体性的优势互补、互为支撑，市场经济条件下集体经济和私营经济的相生相融。在推动乡村发展的过程中，村庄和国家的有机互动，展现出新时代“统分结合、双层经营”的新形式，以及自主活泼发展的新面貌。

新型集体经济还是一个新事物。建设好中国式的新型农村集体，发展壮大集体经济，是全国广大农村基层干部的重大工作事项，也是全面推进乡村振兴的关键。

他山之石，可以攻玉。为向农村基层干部准确传递战旗村的经验，透彻理解战旗村在 20 多年改革实践中发展集体、服务村民的做法，北京农禾之家咨询服务中心研究组在组织团队多次赴战旗村调研的过程中，产生了为农村基层干部编写一套书的想法，主题是“乡村振兴说战旗”。我们接受了战旗村党委关于培育本土“战旗讲师”的委托，将农禾之家以往培育“禾力乡工”和“禾力乡师”的做法升级。因此，以“一对一”导师制培养的这批本土“战旗讲师”就成为农禾之家研究组编写“说战旗”读本最佳的助手。这些本土农民出身的“战旗讲师”最了解战旗，他们的参与为本丛书的编写注入了乡土新意。我们与村干部和村民骨干反复讨论，不断梳理历史事实，体会和理解战旗经验，又请这些讲师学员帮助我们核实情况并纠错，经反复打磨提炼和取舍编写，才有了本丛书。我们还要求这批经我们培养的讲师学员用本丛书的材料进行课程试讲和精品课程打造。他们讲述时的代入感既让我们深受感动，又使我们更加深刻体会到农村基层干部对乡村振兴知识样态和内容的真实需求，促使我们更有动力为广大农村基层干部更好地理解战旗经验而编好本丛书。我们也更加感受到，为这些我们亲自培养的战旗本土讲师学员站好讲台，传播好战旗做法而竭诚服务是我们的责任。可以说，本丛书是农禾之家与战旗村、战旗学院、战旗本土讲师共同努力而完成的。本丛书的编委会理所当然也就由这多方的成员代表共同组成。

本丛书以全局视角审视乡村未来发展，以独特观点重点解读进入

21 世纪后战旗村 20 多年来的乡村发展实践，总结提炼战旗村可持续发展的重要经验，力图给致力于乡村振兴的基层干部和集体经济组织、农民合作组织一份可参照学习的乡村振兴读本或教程。

我们衷心希望本丛书的读者也能够在实践中自觉应用并推广书中的观点。为此，我们对书的呈现方式做了精心安排，先按照每册书要说明的主题内容分好章，再按照“背景导入”“战旗实践”“我们的评述”“同类做法”“邀你共议”等五个环节，逐步将我们想与读者共同讨论的内容有条理地呈现出来，并引向对内容的实际使用。我们知道，对我们倾注心血的事业来讲，本丛书的使用要比内容的编写出版更为重要。只有大家觉得本系列读本传递的内容可用、实用、好用，并且愿意不断创造出各种使用方式，才能体现我们这种“另类”知识生产方式的真正实践价值。我们愿意和大家一起努力！

杨团　仝志辉　刘建进

2024 年 2 月

看见战旗

中国的城市和乡村原本就是连在一起的。村庄和国家也是这样，在现代化的进程中密不可分、“一体同构”。

四川的战旗村位于中国西部都江堰水利工程的下游。这个村子成立于 1965 年，现有 16 个村民小组，村民 1 145 户 4 469 人，耕地 5 430 亩，建设用地 1 160 亩，其他未利用地 1 410 亩。2022 年，村集体收入 680 万元。农民年人均可支配收入 3.85 万元，在当地处于中上水平。

很多人第一次去战旗村，会觉得战旗村像个城郊的小镇。村内柏油路宽阔。两层的别墅，连成新式的小区。村里有学校、酒店、乡村博物馆、壹里老街、初心馆、连锁超市、各种饭馆、民宿、台丽庄园、工厂化的杏鲍菇生产基地。很多人在村里上班，也有的开车去城镇上班，晚上再回来，也有的在城区投资置业，买了房子、店面。村内有幼儿园，边上有战旗小学。小孩得个感冒，老人干活儿手拉了个口子，村里的卫生院也能处理。2018 年春节前夕，习近平总书记来战旗村调研，希望战旗村在新时代乡村振兴的工作中能继续“走在前列、起好示范”。之后，战旗村就像一个乡村振兴的大舞台。红色旅游迅速发展起来，乡村振兴培训业务也成为带动村庄转型的火车头。

在战旗村，这近 60 年的发展变化有一部清晰的“创业史”。

如果从 1965 年开始算，战旗村建村时间并不长。农民组织起来之后，通过“条田改土”，学习大寨经验，农地质量得到提高；良种、农机和化肥的应用，促使农业生产效率提高较快。20 世纪 70 年代，战旗村就解决了饿肚子问题，分田到户比其他村子晚了一年。在社队企业的基础上，20 世纪 80 年代战旗村的乡镇企业迅速发展起来。2003 年前后，时任战旗村党支部书记李世立力排众议，采取赎买的政策，把已经逐渐私有的村办企业转为集体独资的企业，并且通过招标，以租赁制的形式交给私人经营。这一逆时代潮流而动的变革，不仅明确了产权，还为集体积累了 420 万元现金，为新世纪战旗村系列改革变迁奠定了经济和组织的基础。

2006 年，“大学生进农家活动”重建了村庄和政府的关系。2009 年战旗村通过拆院并院，村民退出原来的宅基地，住进了既栽花又种菜的新式小区。2011 年，战旗村基本上完成土地整合。集体经济组织的每个成员都拥有相同面积的农田和宅基地。同年，农文旅融合的“妈妈农庄”项目开张营业。村里老人说“从来没有见过这么多人”。2015 年，战旗村敲响四川集体经营性建设用地入市第一槌。投资方买了集体土地 40 年的经营权后，在原来乡镇企业用地上建起了商住综合体。与其他村庄相比，战旗村比较好地把政治视察的优势转为村庄的知名度，对业态和基础设施进行了升级，成为不少村庄党组织负责人、乡镇干部研究学习的榜样，走向了全国。

“整合土地、经营村庄”“以土地谋发展”是战旗村最近20年来最重要的发展经验。土地是村庄集体最重要的资源。战旗村党委书记高德敏经常说的一句话是：经营村庄最重要的是要经营土地，要充分利用好集体土地的所有权。农地的集中，宅基地的整合，集体土地入市，合作开发，作价入股，都有力地推进了战旗村从一个发展阶段转到另一个发展阶段。土地是联系农民和国家、农民和市场最重要的纽带。集体土地、集体成员、集体所有是中国特色社会主义制度的重要组成部分。但名义上的集体土地所有权在很大程度上是被实际悬置起来的。土地的权利、土地产出的剩余在农民、集体、政府之间被划分。这背后是工业化、城市化大背景下工农、城乡关系的转变。“大包干”就是一个很好的例子。在战旗村，因其自身的积累，因其自身的主动性和创造力，我们都能看到这20年走在前列的创造与变化。

战旗村的经营，其主体是村庄集体本身。它以村党组织为核心，以集体经济合作社为法人和资源所有者，以村民委员会（以下简称“村委会”）和村民代表大会为治理和组织载体，是一种“三位一体”的结构。村庄的干部要学习企业经营管理的办法，提高效率，村庄这个集体首先是为共同体内的所有成员服务的。“要像经营家庭一样经营村庄”，而不是把集体当成一个企业。人能力有大小，性格有差异，以户为单位，彼此联系在一起，共同生活在一起。就像一个国家一样，没有这一群人，即便土地还在，也没法构成一个共同体。

战旗村的发展能映照出中国农政发展变迁的历史。要想理解战旗村已经发生的变化，看到战旗村的未来可能性，我们也需要把这个村放在“农民—村庄—国家”关系的变化中来理解。集体作为农户和国家、农民和市场之间的中间物，有其独特的作用。在战旗村，我们看见了这60年集体的生成、转变、再造与新生，看到了村国关系的变化，看到了新时代一个新的集体生成，也看到了其潜力。这虽然是地方的经验，却也能看到有普遍价值的方向。

陈晶晶

2023年7月

目录

001 第一章
以土地谋村庄发展

003 一、背景导入
005 二、战旗实践
005 （一）土地变革与农业村的“工业化”
018 （二）整合土地催生出来的新组织与新产业
030 （三）战旗村土地利用方式举例
050 三、我们的评述
054 四、同类做法
075 五、邀你共议

077 第二章
集体主动推动产业转型升级

078 一、背景导入
079 二、战旗实践
080 （一）从低产农田走向农业高质量发展
089 （二）从乡村工业向乡村特色产业转型
096 （三）新型服务业发展构建村庄网状经济格局
103 三、我们的评述
104 （一）产业逐步转型升级为乡村特色产业

108 （二）立足村庄整体发展产业
111 四、同类做法
123 五、邀你共议

125 第三章
集体经济统筹下的多业态融合发展

126 一、背景导入
127 二、战旗实践
127 （一）不同时期的多业态融合
135 （二）集体经济统筹业态融合
145 三、我们的评述
146 （一）充分发挥乡村发展产业的优势，突出乡村产业的整体性
147 （二）形成良好的利益联结机制，村民在产业融合发展中获得收益
148 （三）推动消费升级，以产业融合带动城乡融合
152 四、同类做法
163 五、邀你共议

165 第四章
乡村产业是一个多方融合的有机体

168 一、以土地与产业耦合发展推动村庄更新

171 二、工农相辅的传统与作为生计的村庄产业
174 三、把村党组织书记培养成乡村社会企业家
177 四、跳出村庄看产业的生长

181 **战旗村大事记**

191 **后记**

第一章

以土地谋村庄发展

战旗村地处川西平原，属于成都市远郊区。该村平均海拔为550米左右，地势较为平整，又属岷江冲积扇区，土壤较为肥沃。流经该村的柏条河，曾用作货运，现为饮用水源。土地资源和水资源较为丰富，受水源保护政策的约束，村内的产业发展、土地利用一定程度上受到限制。战旗村没有其他独特的产业资源条件，与我国绝大多数的普通村庄一样，属于典型的传统农业村庄。然而其却探索出一条适合自己的路。笔者探究战旗村如何通过土地要素的整合利用，基于村庄集体的创造性，逐步发展出一二三产业融合的特色乡村的内生式产业发展模式，对于位于全国城郊的乡村来说具有重要的借鉴意义。

一、背景导入

“劳动是财富之父，土地是财富之母。”马克思在《资本论》中引用过的这句话，放在农业农村领域，也特别贴切。通常，我们会把农民作为农业生产者，把小农等同于小农场主，觉得农民就是要种地、打粮，将养猪、养鸡等作为副业。农民把自家生产的农产品卖给国家，或者拿到市场上去交易，以换取日常所需。因此，在经济学家看来，农村和农民最大的比较优势就是发展农业。农民涉足工厂经营、副业收入或进城务工等多元化的经济活动，似乎使他们不再符合传统意义上的农民身份，在经济学的教科书上也不容易找到一个合乎逻辑的概念来称呼这一类人。从一个农民家庭扩展到一个村子，社会上普遍的观点是，农村应专注于发展土地上的种养业，而不应涉足工业领域，村庄发展被认为缺乏竞争力和效率，并且可能带来环境污染。不过从战旗村近 60 年发展变迁的情况来看，以上这些看法既有对的地方，又有不对的地方。战旗村当然是依靠土地谋发展，走出一条自己的路子。然而从土地上长出来的“内容”，却远比农业要丰富。从集体化时期的“农业学大寨”“以粮为纲、全面发展”，到 20 世纪 80 年代至 90 年代发展乡镇企业，“小城镇大问题”，闯出来一条新路，再到进入 21 世纪以来通过土地的调整和再开发，战旗村农业用地、建设用地的形态和利用方式，以及产业的业态、组织方式、发展主体等都发生了比较大的变化。土地上的变化是最基础的变化，产业借此才能发展起来。

土地并非无主之物，在我国，农村土地实行集体所有制，无论是农地、宅基地还是其他建设用地，均归集体成员共同所有。这当然有一个演变的过程。从土地革命到合作化，再到人民公社和分田到户，其处理的核心就是农民和土地的关系。我国在现代化各个阶段的任务、主攻方向各有不同，农民和村庄及国家的关系发生变化，农村土地上的产业也随之发生各种变化。在战旗村，我们能够较为清晰地观察到各个发展阶段中土地与产业之间的耦合发展关系。土地变化在先，产业和生活变化在后，这是战旗村的特点。土地的先行变化，推动了农业、副业、加工业及第三产业等多元业态的生成与转变。新的生产生活需求、政府政策的调整及城市发展的新动向，反过来促使战旗村的村民们思考如何更有效地利用土地资源，发挥其最大效益，以满足村民对更高品质生活的追求。本章主要回顾战旗村土地和产业变迁的几个关键时期，以说明村集体以土地为本，谋求村庄及产业发展的经验。

二、战旗实践

（一）土地变革与农业村的“工业化”

1. 土地改革和“农业学大寨”后怎么解决温饱问题

如同中国大多数村庄一样，人与土地关系的变化是村庄变迁的基础性动因。传统农耕的中国，农民依附土地，靠土地生存。中华人民共和国成立后，土地改革调整了农民和土地的关系，共产党作为现代化先行的力量，深入基层、重组基层。由于工业化和现代转型的需求，农业生产与农民生活均被纳入国家整体发展框架之中。农业生产剩余被用来支持工业化和国家的大转型所需。战旗村在集体化时期的变化也是在这个大的秩序中展开的。然而，对普通农民而言，他们最关心的是如何确保基本的生活需求得到满足，即解决温饱问题，不再忍受饥饿之苦。土地革命、基层组织问题、新的生产要素的投入成为达到这一目的的新兴力量。

战旗村原名为集凤村，在解放初期隶属于崇宁县。地主家庭平均每人拥有19亩土地，8%的地主、富农占了72%土地。佃农们租种地主的土地，租金却占据了他们每年收获粮食的六七成。这个比例在全国范围内来看不算低。在共产党的领导下，贫下中农组织起来进行土地改革，全县有73%的人口成功分得了土地。灵圣乡有102户雇农家庭，平均每人分得了2亩多土地。当时，集凤村隶属于灵圣乡三分会，其土地分配情况也大致相同。

1952年，崇宁县县委郭青田同志前往集凤村主持土地改革工作，全村共划分出地主、富农25户。土地分到农民手上后，农业生产迅速恢复。随后，在党的领导下，全县范围内开始推行合作化运动。1952年7月，村民杨洪发积极响应党的号召，发起并组织了名为"星星互助组"的互助组织，该组织共有10户村民参与，涉及46人，拥有田地98亩。在互助组成立后的第二年，水稻的亩产量达到了602斤[①]，相比上一年增加了77斤。1953年，全国实行了新的婚姻法和粮食统购统销政策。当时，集凤村秋征公粮和财政粮的征收量占据了全村当年大春粮食产量的33.3%，导致农民难以保证基本的温饱。与全国许多地方相似，集凤村农民的粮食供应也受到了计划的严格调控。"要十分抓紧，按人定量，忙时多吃，闲时少吃，忙时吃干，闲时半干半稀，杂以番薯、青菜、萝卜、瓜豆、芋头等。"农民对此表示了较大的不满。1957年，灵圣乡作为社会主义教育运动试点地区，在大鸣大放阶段共收到了1 416条意见，其中关于统购统销的意见就

① 1斤=0.5千克，下同。

占到了 442 条。

这一年，金星村成功创立了金星高级社，灵圣乡三分会的村民也与其他村民一同加入了该合作社。加入金星高级社后，村民原有的耕地全部划归集体所有，因此也取消了土地分红制度。合作社内，粮食的分配依据社员人数和劳动贡献进行，报酬则根据工分来计算。因此，集凤村的全体村民均成了合作社的社员，标志着土地集体所有制的正式确立。1958 年 9 月，万寿乡和灵圣乡合并为先锋人民公社。高级社合并为公社后，原来的一切财产和债权、债务都由公社统一处理。社员的生猪、林园、房屋和自留地也全部入社。在人民公社成立初期，郫县与其他地区一样，出现了“高指标、瞎指挥、浮夸风”等不良现象，导致本地粮食产量下滑。同时，征购量的大幅增加及劳力外调和外逃现象，对农民的生活造成了严重的影响。部分人口出现了非正常死亡的情况，出生率显著下降，而死亡率则不断上升。乡村生活陷入艰难困苦的境地。这种情况在 1961 年得以好转，各地贯彻执行《农村人民公社工作条例（草案）》。按照中央的精神，郫县也解散了公共食堂，农村重新划拨了自留地，劳动评工计分制度也恢复了。同时，核算单位改为生产队，还开放了集市贸易。政府对平调集体和私有财物进行退赔。“三级所有、队为基础”的制度安排稳定下来，农村的生产生活逐步恢复。这一制度安排在之后的 20 年间都没有发生太大的变化。

专栏 1

中国传统小农经济的特点

小农经济的显著特征在于以家庭为基本单位，实现农业和家庭手工业的紧密结合，形成自给自足的经济形态。生活必需品主要依赖村民自身的生产活动。黄梅戏《天仙配》所唱“你耕田来我织布，我挑水来你浇园”，白居易诗中“家家守村业，头白不出门。生为村之民，死为村之尘”，描述的就是这种自给自足的小农经济的场景。盐、铁等无法自产的必需品，由政府专营。

小农经济代表了在劳动工具制约的条件下，劳动者以小块土地为劳动对象的一种生产力层次，也可视为与小农生产紧密结合的一种生产方式。小农经济的概念主要由两个核心要素构成：一是以人力或畜力作为劳动工具，二是以小块土地作为劳动对象，这两个要素缺一不可。小农经济有三点需要注意：第一，不考虑有无土地所有权；第二，必须具有自主经营权；第三，所经营的全部土地主要依靠自家劳力从事耕作。

小农经济有其自身非常明显的特点：一个小农家庭就是一个完整的生产单位，它要预测未来的市场，制定生产计划，这个过程要考虑所有影响生产的外在因素——特别是气候，然后规划劳动力投入，审时度势把握良好的市场出售时机。而在小农家庭消费上，还要灵活把握丰收、欠丰等不同情况下的不同消费支出。尽管受教育水平相对较低，但小农家庭却积累了丰富的社会技能和经验。小农较高的人力资本不能被简单地理解为“受了多少年教育”“读了多少年书”，小农经济培养了众多有经济头脑、有管理才能、有企业家精神的人才。

——《一篇文章读懂什么是小农经济》

1965 年，先锋公社开展了“清政治、清经济、清组织、清思想”(以下简称“四清”）的社会主义教育运动。在运动中，干部们研究讨论后认为原有生产队的规模太大，不利于管理。同年 3 月，在“四清”工作队的主持下，战旗大队从金星高级社独立出来，共包含九个生产队，但大多土地瘠薄，亩产量较低。社员户普遍面临资金或粮食短缺的问题，纷纷申请贷款或粮食援助。全大队集体只有一百多元现金。由于基础薄弱，战旗大队与许多普通村落相似，主要资源仅包括土地和社员，缺乏其他独特的资源。村干部认为只能向土地要产出。同年 12 月，全县开展“农业学大寨”运动。1965—1975 年期间，在“农业学大寨”精神的鼓舞下，战旗大队发扬“自力更生、艰苦奋斗”的精神，进行了艰苦的农田基本建设活动。

据战旗村的老人们回忆，当年他们村在学习“大寨经验”进行农田改造时，村民们被戏称为“土劳改”，这一称谓形象地反映了当时改田劳动的艰辛程度，几乎可与“劳改”相提并论。那时候是集体劳动，大队劳力都得参加。调土改田的任务重，攻坚的主体是战旗村的民兵。在战旗村，民兵不仅承担着军事组织的职责，而且还扮演着劳动组织的角色，他们具备强大的战斗力，是农田基本建设和农业生产中不可或缺的主力军。

战旗村通过土地整理、良种推广和引进先进的农业技术，成功实现了化肥的广泛应用。战旗村在 20 世纪 70 年代的时候粮食就比较充裕了。当时，农民的口粮受到严格的限制，超出部分需出售给国家。尽管粮食产量有所提升，集体储备充足，但社员们仍不能放开肚子吃，除了交公粮、统购，村里还需要提留饲料粮。农民们普遍感觉虽然能够勉强吃饱，但吃饭问题并未得到完全解决。1975 年，粮食总产量比 1966 年增加了 30.8%，公积粮达到 40 万斤。当时战旗村全村人口 1 403 人，有 9 个生产队，有拖拉机 7 台，有小队公房 311 间，耕地面积 1 709 亩，储备粮 116 890 斤，完成粮食征收任务后，社员们能分得的粮食为 600 斤，分配所得最高的社员一年收入可达 657 元。“沟端路直树成行，条田机耕新农庄”的目标基本上实现了。

专栏 2

大　　寨

大寨是山西省晋中市昔阳县大寨公社的一个村。这里自然条件恶劣，土地贫瘠。大寨人在村党支部的领导下，自 1953 年开始，开山凿坡、修造梯田。1962 年，在全国出现自然灾害和严重经济困难的年景下，大寨粮食亩产量达 774 斤，高出同县的平均产量 530 斤。在浩大的治沟工程中，大寨人未向国家申请任何资金支持，完全依靠自己的双手，通过艰苦卓绝的努力和不懈的奋斗，最终实现了丰收的夙愿。1964年2月10日，《人民日报》刊登了新华社记者的报道《大寨之路》，介绍了大寨人的先进事迹，并且发表社论《用革命精神建设山区的好榜样》，号召全国人民尤其是农业战线的工作人员学习大寨人的革命精神。党和政府极为重视大寨人艰苦奋斗的事迹。毛泽东主席在听取了山西省委的介绍后，赞赏和肯定了大寨人的艰苦奋斗精神。农业部专门派出调查组到大寨作全面考察，在调查报告中肯定了“大寨是全国农业战线的一面红旗”。1964年12月，周恩来在第三届全国人民代表大会第一次会议的《政府工作报告》中，发出了“工业学大庆，农业学大寨，全国学人民解放军”的号召，把大寨精神概括为：“政治挂帅、思想领先的原则，自力更生、艰苦奋斗的精神，爱国家、爱集体的共产主义风格。”此后，农业学大寨运动在全国范围内广泛展开，成为推动农业发展的重要力量。

不管是在工业领域还是农业领域，土地都是最重要的生产要素。从一个村庄的范围来看，集体化时期的20年，战旗村是朝着农村工业化大步迈进的。经过合作化改革，土地得到了有效利用，农田基本建设的推进显著改善了生产条件，实现了规模经营的目标。村庄内事务有比较明确的分工，粮食单产量一直在提高。养猪、种菜等副业也取得了显著发展，到20世纪70年代末，村民的平均日工资甚至超过了城市职工。战旗村还能在政府急需的时候协助其完成粮食征购的任务。

这里的变化不仅局限于生产层面，而且更体现在村庄和人的组织化进程，以及政治建设和社会主义教育的显著贡献中，其是一体两面、相互配合的。因此，战旗大队也成为当时全县农业农村、民兵“三落实”① 工作的榜样，是集体化时期的样板。在这一阶段，战旗村和国家是高度同构的。村民们积极学习《人民日报》的元旦社论，村里的女民兵们立志成为当地的模范人物；而村干部们则以赶超先进典型大寨为目标，不断激励自己前行。集体化的战旗大队经过了20年的奋斗，超过了本县毛泽东主席视察过的红光大队，超过了本乡原来走在前列的先锋大队。由此可见，可以做样板的战旗村，其土地和组织的变化是基础的，生产关系的变化，带来了生产力的提高。

2. 集体土地之上村办企业的兴衰

在集体化时期，战旗村虽然以粮食生产为主导，但实际上也注重

---

① 民兵“三落实”指1962年6月17日，毛泽东主席在中共湖南省委招待所听取省军区司令员龙书金关于备战工作汇报时，作出了“民兵首先要抓好组织上落实，政治上落实，最后要抓军事上落实”的重要指示。

农副业的结合，走的是全面发展的道路。在集体的统一安排下，养猪及经济作物的种植并未被忽视，而是得到了相应的重视和发展。到了20世纪80年代至90年代，农副业慢慢成长，社队企业变成了乡镇企业，村庄面貌得到了改变。这一过程有一定的普遍性，但是战旗村的变化跟全国大部分村庄比，有自己的特殊性。

1981年，全国开始统一推行“包产到户”[①]。战旗村的“包产到户”工作推行得比别的村晚，是全县最后一个。为什么会出现这种情况？当时村里有四五百户人，明确表态愿意接受“包产到户”的只有三户。当时村民们普遍存在的担忧是：在大队统一组织生产时，农业生产分工细致且高效，如果实行“包产到户”，他们担心自己缺乏农业技术，无法像集体生产时那样高效地完成种植任务。此外，由于集体农具较多，如果实行“包产到户”，每户家庭都需要额外投入资金购买农具，这对许多家庭来说并不划算。战旗村党支部研究后，经县领导同意，把“包产到户”政策的实施推迟了一年。直到第二年，大势所趋之下，战旗村才与其他村庄一样，开始推行“包产到户”。“包产到户”既改变了生产的组织方式，又改变了村民、集体和国家的分配关系。同时，政府财政给予了大量的补贴，以提高粮食价格，农民

① 即家庭联产承包责任制。

生产积极性大为提高，农民生活质量也得到了明显的提升。

实行“包产到户”以后，土地都分给农民了，土地经营的政策也发生了变化。集体经济该怎么发展，需要找新的出路。在土地和农业生产之外，全村开始积极寻找新的发展路径，将工作重心转向了发展社队企业。

战旗村的第一家社队企业是战旗砖厂。村里在改田的时候腾出一些土地开办了罐罐窑（由于窑的形状类似于坛子，因此村民们便将其称为罐罐窑）。罐罐窑采用的是最原始的制砖工艺，先拌好土，再用木板模做出砖坯，等晾晒干了，最后放在窑里烧制成型，用这种办法烧出来的砖块是青砖。战旗村开办砖厂的初衷有两个：开辟农副业和建立新的村庄。当时，由于村里资金有限且砖块供应紧张，因此村里决定扩大规模，自建砖厂以满足需求。但在当时办厂并不容易，一要技术，二要设备，三要土地。当时，战旗村并没有办砖厂的条件，办砖厂所需的土地也没有着落，通过群策群力，战旗村采取了七分粮田换横山镇一亩山地的方式，换来山地作为制砖场地，并且依赖与武装部和军分区的关系，把砖厂从罐罐窑改成了曲线窑，又从曲线窑升级为轮窑，轮窑于 1979 年竣工。

实行“包产到户”后，战旗村的生产与管理体制发生了变化。1983 年 1 月 5 日，轮窑砖厂由工分制改为承包制，罗会富和杨忠模成为砖厂承包人，有 19 个人为此做担保，砖厂每年给村集体上缴利润 8 万元。

20 世纪 80 年代，物资短缺，只要有产品生产出来，就能卖得出去，挣得到钱。战旗的轮窑砖厂就像一只会“下金蛋的母鸡”，源源不断地给村里创造财富。从 1983 年到 1996 年，战旗村后续筹办的酒厂、酿造厂、复合肥厂、铸钢厂，都得到了砖厂的资助。村里文化大院的建立也依靠砖厂的利润。砖厂从无到有，从小到大的发展给战旗村积累了资金。除此之外，凤冠酒厂的建设资金主要来源于村集体积累的储备粮；豆瓣厂、化肥厂的筹建和运营采取的是集体决策、承包经营的方式。由此可见，这些村集体企业的创办和发展都使用了村庄原有的资源及资本。除了战旗村自身的开拓外，政府的大力支持也在一定程度上给战旗村托了底。如政府的积极放贷政策，确保了项目运转的资金，在产品的销售上给予支持等。1994 年，为了推动企业规模化发展，战旗村积极响应全县乡镇企业股份合作制改革试点的任务，将效益良好的砖厂、豆瓣厂、酿造厂、面粉厂及复合肥料厂进行整合，共同成立了战旗村集凤实业总公司。公司设立了董事会和监事会，由时任书记易奉先担任公司董事长，董事会成员共计 11 人。集凤实业总公司充分发挥资源整合的优势，实现资金在各企业间的统一调配，同时，根据市场营销的情况，每年为下属企业制定并下达具体的任务指标。此次改革是继承包制之后的第二次重大改革举措，旨在积极响应并承担政府推进的改革任务。

专栏 3

什么是乡镇企业？

乡镇企业是指主要由农村集体经济组织或者农民投资兴办，在乡镇范围内设立并承担支援农业义务的各类企业。它们是中国乡镇地区多形式、多层次、多门类、多渠道的合作企业和个体企业的统称，涵盖了乡镇办企业、村办企业、农民联营的合作企业、其他形式的合作企业和个体企业等多个层级。乡镇企业涵盖了广泛的行业门类，包括但不限于农业、工业、交通运输业、建筑业，以及饮食、服务、修理等多个领域的企业。1984 年 3 月 1 日，中共中央、国务院同意农牧渔业部和部党组《关于开创社队企业新局面的报告》，并同意报告提出的将社队企业名称改为乡镇企业的建议。该报告指出，发展多种经营，是我国实现农业现代化必须始终坚持的战略方针。20 世纪 80 年代以来，中国乡镇企业获得迅速发展，走出了中国农村经济异军突起的成功之路。

1995 年，集凤实业总公司实现产值 3 200 万元，营业收入达 1 436 万元，创税利 131 万元。在此后的时间里，村内各企业继续蓬勃发展。其中，下属化肥公司生产的“望从牌”复合肥在市场上享有较高的知名度。但是到了1997年年初，国内宏观经济形势发生了比较大的变化，部分产品供过于求，市场销量出现大滑坡，导致商品销售价格下降，库存积压，一些企业面临经营亏损。1998年，全国开始推行乡镇企业改制，郫县体改办①的同志到战旗村介绍企业改革政策。政策提供的条件极为优惠，本村企业负责人和职工仅需支付50%的价格即可将整个企业购得。面对这一形势，战旗村以党委为核心的领导班子经过一系列复杂而艰苦的斗争，成功完成了从股份合作制到租赁制的第三次重大改革。村办企业的资产重新被确认为集体资产，同时又回收了400多万元的流动资金。这一改革举措至关重要。村民骨干认为：只有这条路才能挽救战旗村。付出再大的代价，也要大力推行！然而，当时这一决策却遭到一些人的质疑，他们认为这与时代发展趋势相悖，甚至是在走回头路。

往回看，20世纪80年代是中国农村一百多年来最欣欣向荣的一段时期。集体化之后，农民的实际生活水平得到了迅速提升。战旗村承接了人民公社的“遗产”：有组织起来的村民，有农业发展的优势，有与政府密切合作的关系。在成功解决粮食问题的基础上，凭借原有

① “体改办”是体制改革委员会办公室的简称。

的积累，乡镇企业相较于以往展现出了更为显著的优势。因为农副业——农村工业的大发展，战旗村走上了一条希望大道。农民在农业之外，找到了新的就业机会，收入稳步提高。

这段时间，战旗村创办了许多规模不一的企业，其中包括众多小型食品加工业和手工业。它们都经历了从无到有、从小到大、由盛转衰的演变过程。这一过程是复杂的。市场产品本身从短缺到初步过剩，竞争压力加大是一个原因，另一个重要的考验是集体企业本身管理水平的发展，尤其是企业原本就是依托村庄而发展起来的。村庄与企业之间的关系是一个至关重要的影响因素。村庄的领导团队，特别是村党支部书记的视野、组织经营能力及企业负责人与村干部之间的关系，对整个村庄的发展有深远影响。20 世纪 90 年代末，内外环境发生变化，战旗村的村办企业和中国很多的集体企业一样，不得不实行改制，以探索新的发展道路。

（二）整合土地催生出来的新组织与新产业

1. 招商引资中的土地资本——以“妈妈农庄”为例

“妈妈农庄”是位于战旗村，毗邻柏条河的一个综合性产业基地，集休闲、住宿、餐饮及教育培训等多种功能于一体。目前，该产业基地的经营主体已发生变更，并更名为“台丽农庄”。这个项目在战旗村的产业发展中有其特殊的位置，其在招商引资中也有典型意义。

值得一提的是，这个项目的开办具有一定的偶然性。2008 年，村委会主任高德敏去北京参加了一个招商会。会上，他唱了一段京剧，由此被很多人认识，听众当中就有成都一家房地产公司的老板。那段时间房地产行业不景气，部分房地产公司谋求转行。此时的战旗村已经开始集中居住，农业用地整合完毕，归到农业合作社，村集体便萌生了招商的想法，旨在推动二三产业的发展。这一想法不是凭空出现的，早在高玉春担任战旗村书记时就确立了一二三产业融合，发展特色旅游经营的战略定位。据高玉春介绍，柏条河边的这块地已被规划为招商用地。成都每年都会举办糖酒会，尽管糖酒会结束后常有朋友间的走动和联络，却缺乏合适的住宿和休闲场所，他就琢磨是不是能在战旗村修建一家酒店。这些都为“妈妈农庄”的建立打下了基础。

为何酒店命名为“妈妈农庄”？其中还蕴含着一段故事。“妈妈农庄”是一家日本品牌的连锁公司，从“妈妈农庄”客房部的大厅一眼就能看出日式风格的装饰。当时，整个农庄的规划设计都由日本的公司负责，他们的理念、技术、设计、管理相对先进，因此要价不菲。因为成本太高，村里的压力太大，因此迟迟无法与该公司签署项目合同。最后，由村“两委”[①] 综合七八家公司的设计，自己出了一个设计方案，将数额较高的规划和设计费省了下来。

“妈妈农庄”的建设项目是由成都第五季投资有限公司负责投资的。一年四季，农村都种植农作物。之所以命名为“第五季”，寓意将房子作为农村土地上的一种新型“作物”，象征着创新和突破传统农业模式的理念。双方合作的方式也简单，由第五季投资有限公司跟战旗村的蔬菜合作社签协议，蔬菜合作社管理村里集中的土地，是一个独立的法人，由它来提供土地，第五季投资有限公司负责投资、建设和经营。“妈妈农庄”租赁了农用地 220 多亩，建设用地 38 亩，总共约 260 亩土地。后因发展所需，增加了花卉观赏区和种植区，又租赁了 200 多亩土地。“妈妈农庄”当时租赁用地的租金大概是 1 500 元每亩，而当时别的村的用地租金在 800 元至 1 000 元之间。为什么“妈妈农庄”的用地租金会高于其他村呢？因为这部分用地是集中的，归合作社所有，第五季投资有限公司不用一家一户地和农民谈，也不存在搬迁的问题，并且道路等配套的基础设施相对完善，不需要额外增加投入，土地干净且平整，可以直接开工建设。因此，节约了不少隐性成本。

---

① 村“两委”指村党支部委员会、村民委员会，下同。

最初，“妈妈农庄”项目并没有取得修建商用建筑用地的资格，相关的用地手续需要由第五季投资有限公司自行办理。其中的38亩建设用地，按照市场价，估值3 000多万元，当时战旗村以折后价2 000万元交付给第五季投资有限公司。“妈妈农庄”建造的时候不需要第五季投资有限公司先给付2 000万元的现金，只需要按照当时银行的标准，给付2 000万元资金的利息即可。双方约定，当集体经营性建设用地土地使用权转让得到政策支持时，集体可以协商依据当时的土地价格将集体建设用地的使用权一次性转让给“妈妈农庄”。土地的产权证仍保留在村集体手中，待第五季投资公司完成所有必要的手续后，权属证书才会转移至公司。2013年双方签署合作协议，战旗村以每亩土地50万元的价格将土地转让给第五季投资有限公司（“妈妈农庄”），后者获得了18.82亩颁证建设用地40年的使用权。“妈妈农庄”关于土地经营权利用的方式是比较巧妙的，既保留了集体的权利，弱化了风险，又降低了投资公司投资的额度。在这样的操作之下，地还是集体的，但使用权和经营权分离，投资方按照年度支付费用，土地上的建筑物归投资方所有。这一做法在当时是非常的先进，对后来很多项目的合作方式都有借鉴意义。

“妈妈农庄”项目总投资达2亿元，历经一年的建设周期，于

2011 年顺利完工。在建设过程中，作为商人的投资方需要深入考虑一个核心问题：该项目的亮点究竟何在？将如何吸引游客前往战旗村，特别是“妈妈农庄”？经过深思熟虑，他们决定将建设薰衣草园区作为项目的核心吸引点。2009 年，项目组成员跟随北京的专家去新疆了解了一些同类的产品后，2011 年就成功创建了薰衣草园区。该园区开放时，作为四川首家薰衣草园区，吸引了大量市民前来参观。游客高峰时期，日接待量甚至达到了惊人的 3 万人次。村里的老人甚至感慨这辈子从来就没见过这么多人。通过这种方式，战旗村和“妈妈农庄”的品牌得以成功推广，吸引了众多游客的关注。之后每年都会举办薰衣草节，镇政府也在“妈妈农庄”的经营上给予了很多支持，实际上其头三年的营收是亏损的。尽管人流量较大，但具体针对消费人群的可消费产品却相对有限。第五季投资有限公司在提升知名度后，也期望通过商务会议等途径实现进一步发展，因此做好了亏损三年的准备，并且寄希望于第四年实现扭亏为盈的目标。结果到了第四年，游客都不怎么来了。到了 2016 年年底，游客数量急剧减少，导致“妈妈农庄”的经营状况持续下滑。

2016 年，战旗村进行了产权改革。战旗村与“妈妈农庄”调整了合作模式，将土地作价入股，即把村里的土地资源转化为投资标的，类似债转股的形式，“妈妈农庄”只需要为土地支付保底的租金。

那么，经营的收益怎么分配呢？双方约定，到年底时，请第三方评估公司评估今年获得多少收益，进行二次分红，该交的利润、土地的租金都要在这之前打到村里的账上。村里在收到资金后，会在春节前将其分配给村民。2018 年，习近平总书记到战旗村考察之后，“妈妈农庄”和战旗村的角色就发生转变了。在此之前，“妈妈农庄”是村里最大的企业，是引领战旗村发展的主要力量，但是习近平总书记来考察后，战旗村的品牌形象得到显著提升。村庄影响力的提升反过来推动了“妈妈农庄”发展出新的业务并吸引了更多的客流，会议培训、婚庆、素质拓展、红色教育等都发展起来了，不像之前主要以旅游、门票收益为主。农庄的经营性收入也获得了较大的提高。

“妈妈农庄”是由战旗村与第五季投资有限公司共同推动的项目，有其特别之处。第一，这个项目是村里主动进行招商引资的成果，涉及了一些特定的条件和要求。战旗村的土地统一流转后回到了村集体手里，需要发展经营性产业，而房地产公司正好要转型尝试开拓一些新的业务，两者不谋而合。第二，当时正值汶川地震后不久，成都市民对于前往都江堰避暑存在顾虑，战旗村位于都江堰的下游，并未明显受到地震的影响。因此，战旗村成了承接成都市民旅游休闲需求的理想之地。以上是外部因素。在村庄内部，已经确立了新的定位，正朝着特色休闲旅游的方向发展。一些原有的存在污染问题的企业，因新的生态环保政策而陆续被关停。村集体急需引入新的项目，以带动经济发展、解决就业问题，增加村集体的收入。与此同时，政府也有招商引资的需求，以推动地方经济的发展。因此，这一项目不仅仅是村庄与外部企业的简单合作，而且是基于内外部多重因素综合考量的成果。

在具体的合作方式上，土地的使用展现出创造性，为合作双方保留了最大化的利益。村庄在基础设施、林木田地折价入股等方面为投资方提供了显著的便利。地方政府将此项目列为新农村建设的重点项目，予以重点推进。然而，最终形成的产权关系并非常见的资本投资圈地模式。绿水青山就是金山银山，其带来的好处并非完全由城市资本所独占。尽管企业获得了长期的使用权和经营权，但土地的所有权仍归属于村民和村集体。尽管租给“妈妈农庄”的田地界限已被打破，但村民们仍坚持认为这些田地属于他们自己，并未将其出售给他人。他们有这样的自主意识。

该项目的成功，无疑与战旗村产权制度改革后土地的平均分配策略密切相关。村民平均占有集体土地，每人所持有的土地份额相同，这主要指的是农用地。在建设用地的利用上，这种方式实现了企业和村集体的双赢。在这里，所有权以及潜在对土地的处置权的主动性仍然在村集体手里。出让的仅为建设用地长期的经营权。企业无须一次性投入大量资金买断经营权，仅需支付经营权的市场估值价格即可。这一非正式合约的形成及其有效履行，得益于众多非正式规则和关系的支撑，这些规则和关系在项目实际推进过程中逐渐形成，体现了在法律边缘的创新实践。

2. 村集体自主经营项目——以战旗乡村十八坊为例

战旗村的乡村十八坊商业街以仿古建筑为特色，致力于售卖各类特色农产品。该项目是战旗村在产业生态化转型后，集体自主开发经营的首个“三产融合”项目。高德敏书记是这个项目的总策划师。

乡村十八坊项目并非毫无根据，村集体已经为此筹备了长达五年之久。这块地原先是战旗大队的“试验田”，后面的不少村办企业也是办在这里的。为何要开展乡村十八坊这个项目？村里的干部们认为，诸多手工产品及手工作坊所产出的商品正是广大消费者所迫切需要的，未来具有广阔的市场前景。例如，酱油原本是通过传统手艺精心酿造而成，但如今却多采用勾兑的方式生产，从而转变为工业产品，导致其口感和品质均有所下降。战旗村如果能生产出工艺产品，这样产品的价值就得以提升。顾客为何会选择到村里来买工艺产品呢？所以，村里生产出来的产品必须有特色，品质要有保障，还得有品牌。乡村十八坊的初衷在于为民间工艺大师提供一个展示其十八般武艺的平台，让他们的技艺在十八坊内得以展现。

对于这个项目有不少人心存疑惑、持反对意见。部分村干部对项目的盈利能力表示担忧，认为其可能难以成功实施并吸引游客到来。为了消除疑虑并统一思想，2016 年上半年，村里组织了一个由 40 人组成的考察团，包括企业代表、党员代表、各社社长、村干部和小组长，共同前往袁家村进行实地考察。看到袁家村的项目开展得红红火火，大家才坚定信心，认为自己也有能力干成。

乡村十八坊的建造遵循了农民的传统建造方法，采用传统工艺并聘请了经验丰富的老工匠。该项目并未聘请专业的设计团队，也未遵循招标程序开展。尽管如此，项目并非完全没有设计环节。村里聘请了一位设计师，村干部将他们的想法传达给设计师，并且请其绘制蓝图。随后，村里再根据实际情况对蓝图进行修改。蓝图改好之后，由村集体统一建设。如戏台从设计施工到完成，只用了 35 天。这么快的建造速度，连当时的区委书记看了都难以置信。因为按照普通招标的流程，35 天可能连图纸都没法画出来。建设乡村十八坊用的材料，皆是就地取材，如旧砖、旧瓦、旧木料等。农村的老工匠仅凭口头描述，就能准确理解房屋的高度、长度及所需的样式，无须绘制图纸，因为他们心中的蓝图清晰可见。这种修建方法类似于古人修建房屋的传统方式。房子修建出来后，外观挺好的，看上去却像老建筑。以戏台的修建为例，大量使用了锯过的旧木料，屋顶则采用瓦片覆盖，以减轻整体结构的重量。其中还有一个小插曲。最初，由于木头的高度过高，工匠们对其进行了调整以降低高度。然而，调整后的结果却是高度偏矮，影响了整体效果。大家都认为这个问题难以解决，甚至有人提出是否需要拆除后重新建造。最终，高德敏书记想出了一个解决方案，即在每个柱子下方添加石头加以垫高。他借来了 4 个千斤顶，在每个柱子下垫上 5 厘米的石头。由于房屋是连为一体的，因此先在一侧垫高 5 厘米并不会影响整体结构的稳定性。随后，另一侧也垫高 5 厘米，如此逐层垫高，最终仅花费了 8 000 元便达到了所需的高度。

说到旧材料，当时的一个契机是花园镇街道旧城在拆迁。村里组织人力、物力和财力，成功拆运回了近 15 万匹免费的旧瓦，收购了近 25 万块旧砖和 20 吨旧木料。其中，最具有价值的当属悬挂在入口处的木牌坊，上面写着乡村十八坊。其是当年都江堰二王庙重建时“淘汰”下来的，村干部们幸运地“捡”了回来，并且郑重地将其悬挂在门口。

乡村十八坊的工程建设并未进行招标，为何政府对此并无异议？第一，该工程是由村集体经济组织自有的公司负责实施的。第二，从村集体的视角来看，政府工程往往更侧重于程序的合规性，而对成本控制相对宽松。而村集体既注重程序合规性，又强调成本控制。当然，财务关还是要把好，需要由专人负责，并且受村监事会监管。在采购环节，村里会先确定物料的价格范围和方向，然后由负责操办的人员采买。对某些材料的采购，必须由多人共同参与，避免个人单独行动。如在采购砖块和木料时，必须提供照片和验收人的信息，同时要求卖方提供身份证号码和电话号码等详细信息，不可使用现金购买，只能进行公对公转账。这种操作方式相对简单，村集体能够自主完成，即使存在某些漏洞，影响也相对较小。自 2017 年 5 月开始建设，战旗村乡村十八坊一期工程于 2018 年 8 月 8 日正式建成开放。

房子建造完毕，如何有效经营成了关键。乡村十八坊的招商方式是这样的：第一年不收租金只收取一些押金，第二年按照抽成，统一收费。不管是否亏本，村里就按照营业额的 10%来收取费用。这种运作方法是跟袁家村学的。为了规范和管理该区域，村里特别制定了《战旗村乡村十八坊文旅综合体服务管理办法》。第一期（2018 年 8 月起）商户的押金优惠价为 600 元/平方米，第二期（2019 年 1 月起）商户的押金上调为 1 000 元/平方米。押金在使用 3 年后开始返还，第一年返还 30%，第二年返还 30%，第三年返还 10%，总共返还70%，余下的款项作为房屋基础配套的保证金，这样商户以后就不用交押金了。村里一般要求商户租满3年，租不够3年的，押金不全退。经营不足一年退出的商户，乡村十八坊将会返还90%的押金，剩余的10%作为维护成本；经营1～3年退出的商户，乡村十八坊将会退还80%押金。村集体将收取的商户押金用来开展投资建设。来自东北的刘彦不仅在第五香境购置了房产，还与村民共同合作开设了乡村十八坊的汤圆坊。鉴于红色旅游带来的大量客流，许多像刘彦这样的新村民看到了商机，纷纷进行投资。至2020年，乡村十八坊已跻身为战旗村的首要旅游目的地。

在乡村十八坊的入口处，游客可以见到豆腐乳坊、唐昌土板鸭的展示与销售点。东边走廊进去之后看到的是郫县豆瓣博物馆，其对面的蜀酱坊也出售豆瓣产品，这样游客就能实地看到豆瓣酱的生产工艺。郫县豆瓣博物馆是由村集体与满江红豆瓣公司合作建设的，占地面积达30亩，已成为战旗景区内备受欢迎的网红打卡点。郫县豆瓣博物馆的隔壁是村史馆，是一个木柱小四合院，原来是战旗大队办公的地方，现在主要展示了战旗村的村容村貌。村史馆旁边，隔着水池和小溪，是满江红食品公司的制作工坊，该工坊同时也是郫县豆瓣博物馆的重要组成部分。在乡村十八坊知名度最高的是唐昌布鞋的展示作坊，其采用的是前店后厂的经营模式，游客们可以直观地看到布鞋是怎么生产制作出来的。唐昌布鞋的制作采用的是老手艺，还会为想学的农民提供生产制作培训。一双唐昌布鞋统一零售价为 180 元，价格不菲，但却很受游客们的欢迎，许多游客都购买了布鞋作为纪念。乡村十八坊的第二进院落是文化大院，另有水榭园亭、战旗大戏台、战旗食堂、战旗游学中心等区位设置。这些地方都是游客们喜欢游览的景点。集凤院子的围墙里种了一大片楠木林，是游客们避暑纳凉的好去处。

（三）战旗村土地利用方式举例

1. 集中起来的农业用地——蔬菜专业合作社经营

战旗村的发展几乎都和土地整合有密切关系，2003 年后，战旗村开始土地整合的工作。农村集体经济组织最基本的职能是对农村集体土地进行管理。战旗村抓住农村改革的政策机遇，以集中土地经营管理权为抓手，大胆探索土地集中经营的模式。2003 年，战旗村采取村民自愿人均集中 0.3 亩土地交由村集体统一经营的方式，由村集体代为缴纳农业税，成功集中了两个村民组共计 110 多亩土地。2006 年，战旗村成立了合作社，鼓励农民以承包经营权入股，实行每亩土地每年 800 元的保底经营收入，而土地增值部分则由农民和集体各半分享；这样集中了 600 多亩土地。2009 年土地整村集中。村里实行

“三地统一”的政策，即宅基地、自留地、包产地全部统一集中，人人平等。只要村民愿意把土地入股到合作社，村里就无条件吸收，到2011年年底，合作社已集中土地1 800余亩。

战旗村集体集中统一的农地由蔬菜合作社来管理和运营。从性质上看，蔬菜专业合作社实际上履行了农地股份合作社的职能。合作社发起人——104个村民，实际上他们没有出资。在合作社的实际注册过程中，村委会出资了50万元，名义上是村民以土地作为股份参与。合作社的管理是放在村农业发展办公室的。该办公室负责多项业务，包括但不限于苗圃腾退、农业资金申报（用于修建沟路桥等基础设施）、农业规模化投资补贴、农机机具购买补贴及合作社自身的贷款管理等。

农民将土地作为股份投入合作社。随后，村庄对该区域进行了土地整理和大田改造，以改善农地条件，并且依据村庄的产业规划引进相关项目。例如，榕珍菌业、台丽农庄、蓝彩虹蓝莓公司等项目的成功引进，均基于土地整理工作的坚实基础。土地流转租金从2008年的每年1 200元/亩，年年攀升，最高峰达2 300多元每亩。自2009年起，村庄将支付给农民的土地保底收益固定为每人每年1 200元，并且保持不变。这是土地的“保底租金”。在此基础上，变动的是效益分红，2010—2012年村民每人每年的效益分红为200

元，2013—2014 年村民每人每年的效益分红为 300 元，2015—2017 年村民每人每年的效益分红为 350 元，2018 年村民每人每年的效益分红为 400 元。近年来，由于花卉苗木市场行情不佳，许多种植大户采取了后付租金的方式。合作社则依据“保底租金 + 效益分红”的模式进行利益分配。合作社收取的地租在支付农田水利维护、合作社经营管理等费用后，剩余的可分配利润将在村民与村集体之间进行二次分配。

合作社的发展经历了三个时期。2009 年是合作社的运行初期，主要工作包括建立健全合作社的管理制度、财务制度和经营模式，并且致力于基础设施的建设。2010—2012 年是合作社快速发展期，这期间建成了 15 亩的蔬菜育苗中心和蔬菜分拣中心，后又建设无土栽培，开展规模化蔬菜种植等项目，上级部门为合作社提供了多项政策支持，包括贷款贴息、育苗中心先建后补、规模化种植补贴及新品种试验示范等。战旗蔬菜合作社 2011 年被评为国家级农民专业合作社示范社。2013—2018 年，合作社发展速度放缓。在策略选择上，合作社经过前期的尝试后，决定采用自然种植的方式，并且未进一步投入大棚建设。土地能种水稻的种水稻，不能种水稻的，就种冬季菜。自 2018 年起，合作社面临了新的政策导向。合作社根据政府的要求，调整种植结构。2022 年种的是水稻等粮油作物，基本农田不搞非农非粮。此外，合作社还申请了冷库和加工项目，旨在为3万亩粮油经济产业园提供必要的配套设施。

专栏4

什么是农民专业合作社?

农民专业合作社，指的是在农村家庭承包经营的基础上，由农产品的生产经营者或农业生产经营服务的提供者及利用者，通过自愿联合、民主管理等形成的互助性经济组织。

农民专业合作社以其成员为主要服务对象，开展下列四项中的一种或者多种业务：

（一）农业生产资料的购买、使用；

（二）农产品的生产、销售、加工、运输、贮藏及其他相关服务；

（三）农村民间工艺及制品、休闲农业和乡村旅游资源的开发经营等；

（四）与农业生产经营有关的技术、信息、设施建设运营等服务。

农民专业合作社应当遵循下列原则：

（一）成员以农民为主体；

（二）以服务成员为宗旨，谋求全体成员的共同利益；

（三）入社自愿、退社自由；

（四）成员地位平等，实行民主管理；

（五）盈余主要按照成员与农民专业合作社的交易量（额）比例返还。

自 2020 年起，全村逐步开展了苗木清退工作。其中，2021 年腾退了 120 亩土地，2022 年腾退接近 200 亩土地。这些土地原先是租赁给苗木种植专业户的，其保底租金基本维持在每亩 2 000 元的水平。苗木清退后，如何有效地开展自主经营成了一个亟待解决的问题。根据政策的要求，这些土地现仅允许种植蔬菜或水稻。然而，这种种植方式的效益难以达到之前的水平，而每年向村民发放的租金（包括 1 200 元的固定部分和 400 元的浮动部分）给村委会带来了一定的经济压力。由于租金已经上涨，再降低租金将变得困难，因为这可能引起农民的不满。

合作社出租的土地面积达 1 400 多亩，每年可收取租金约 280 万元。合作社出租的土地，份额最大的是“妈妈农庄”，西蜀竹林租用了 40 多亩，此外村里的一些种植户租用了接近 100 亩。这近 100 亩的土地中，一部分是尚未集中的土地，另一部分则是经过集中后返租给合作社的土地。另外还有苗木种植大户租用了 100 多亩土地。乡村十八坊的土地主要放在村资产管理公司，但是二期有一部分商家使用的土地，纳入了合作社的管理。这种做法，主要是基于农产品经营销售，属于农业合作社的经营范围，而不是基于资产经营的考虑。

大部分的土地都被承包出去了。战旗蔬菜合作社自营了没有承包出去的450多亩土地。这个集体的农业专业合作社是怎么经营的呢？其跟合作社的技术负责人签订了一个内部承包协议，指定由当时村内农业职业经理人杨建明负责经营。杨建明需要支付土地保底租金1 500元每亩。若自营土地的利润未能达到约定的土地保底租金，经营者则需自行补足差额。若自营土地的效益好，超出保底土地租金之外的利润，则杨建明个人分80%，合作社分20%，作为激励。合作社为经营者提供资金扶持，包括提供流动资金，购买拖拉机、插秧和农田整理机具等，并且在规模化种植水稻、油菜等方面协助经营者从政府处申领相关补贴。

合作社在2018年左右实现了最佳效益，盈利额高达50多万元。合作社的收入由多个部分组成，主要包括土地租金收入、农产品销售收入及其他收入，其中后者还涵盖了政策补贴。

2019年，全村实施了水稻的规模化种植。此外，还有部分土地用于种植水生植物、大棚作物和蔬菜。部分土地被腾退，政府提供了相应的补偿，但总体而言，这一举措仍导致了一定的经济损失。到了2022年，合作社面临了更大的压力。仅在苗木腾退方面，合作社就已垫付了七八十万元的资金。这些压力主要源于政策调整所带来的新风险。

2. 集体经营性建设用地——四川集建入市“第一槌”

土地的改革能给农业农村的发展带来新的活力。郫都区是由全国人民代表大会授权的国家 33 个农村土地改革试点区县之一，也属于成都城乡融合发展的试点区。由于拥有试点的权利，郫都区在土地制度方面得以先行一步，开展与农业农村发展需要和本地需求相契合的改革试验。战旗村在郫都区又抢先一步拿到了四川省集体经营性建设用地入市“第一槌”。

土地有所有权的差异，受规划管治。不同的地段、不同的用途、不同的所有者结构决定了其利用方式。从所有者来看，土地的性质分集体所有和国家所有两种。集体的土地按照使用性质又分农业用地、建设用地、其他用地三个主要类别。建设用地又分公益用地、经营性用地和宅基地。在工业化和城市化的进程中，土地经历了国家征收的程序，由集体所有转变为国家工商业用地，这一转变过程因土地用途的改变产生了巨大的增值收益。这部分收益往往作为公共收入，由本地政府部门获得，多用于城市建设和基础设施建设。集体经营性建设用地入市改革允许属于集体的建设用地在不经过征收转化流程、不改变土地所有权性质的前提下，直接进行市场交易。在收益的分配上，改变了以往的模式，将土地出让金更多向农民和村集体倾斜。

专栏5

城乡统筹中的土地改革

成都城乡统筹改革“三个集中”

推进工业集中、集约、集群发展，在充分尊重群众意愿的基础上，引导农民向城镇转移和集中居住，推进土地适度集中和规模经营，促进三次产业互动，城乡经济相融，新型工业化、城镇化和农业现代化协调发展。落实农民对土地的使用权和房屋、林木等资产的所有权，促进农村资源向资本转变，实现城乡生产要素自由流动，建立农村多元化投入机制，增强农业和农村发展的内生动力。

集体经营性建设用地及其入市

农村集体经营性建设用地，是指具有生产经营性质的农村建设用地，包括农村集体经济组织使用乡（镇）土地利用总体规划确定的建设用地兴办企业或者与其他单位、个人以土地使用权入股、联营等形式共同举办企业和商业所使用的农村集体建设用地。农村集体经营性建设用地是农村集体建设用地中的一类，其他两类为宅基地和公益性公共设施用地。

农村集体经营性建设用地入市，是指这部分土地在市场上流转，具体包括转让、出租和入股等方式，实质是农村集体经营性建设用地使用权在市场上优化配置的过程。

2015年，郫都区获得土地改革试点资格。三四月份，村里得知这一消息后，村民们非常兴奋，并且积极探索如何抓住这一新的发展机遇。他们了解到有以下几个要求。其一要有一个村集体公司作为市场的主体，把资产重新装进去，不使用村委会这个组织。于是村里注册了一个新的资产管理公司，按照要求把全部资产注入其中。本次改革复杂且要求高，有很多前置条件。如土地的性质必须清楚，即经营性建设用地。原先作为仓储、经营企业的这些非农用地才可以用。此外，本次改革还要求有村庄规划，要有入市主体；需要村民集体同意；有入市的分配方案、管理制度，还要确保村民作为股东的收益分配。这些都是要件，要全部具备才行。这一系列的事项单纯依靠村里是无法完全弄懂、做完的。实际上，县乡政府是此次土地改革的主要推动者，而非村集体。在土地增值收益分配上，郫都区的方案是：国家征收调节金后，按照2∶8的分配办法，即将土地净收益的20%用于集体成员现金分红；80%作为村集体公积金、公益金等，并且其中的30%用于为股东购买城乡居民医疗保险、养老保险及老人补助，50%作为公积金交由资产管理公司统一运营，用于集体股权增值、经营性项目再投入等，以确保村民长远的生计，实现集体经济的可持续发展。本次试点带来的效益显而易见，因此许多乡镇和村庄都积极参与。谁先做好准备，谁就能获得首批土地入市的机会。竞争不光在村和村之间展开，全国范围的村庄都在暗暗“较劲”。

在改革试点方面，战旗村不仅具备相应的条件和能力，而且也展现出了强大的战斗力。这个村子先有集体经营性建设用地，20 世纪 80—90 年代，该村成功创办了众多乡镇企业，这些企业用地的性质就是经营性的。通过两次改制，企业又收回到集体手里，效益好的企业继续经营，效益不好的，除了私人企业之外，部分就被闲置了。另外一部分污染严重的小企业，按照政府和村民的要求，被关闭或转型，从而释放了部分土地。在这之前，村里的小企业又经过规划和重新调整，大多比较集中。这就为战旗村争取改革试点，创造了一定的条件。

当时面临的主要挑战是改革具有明确的时间限制，情况较为紧迫。必须在特定的时间前准备好一块“净地”用于交易。所谓“净地”，是指它的产权是清楚的，地面上没有附属的建筑，是一块平整的空地。战旗村的土地基本上都进行了整合，公司资质、手续在政府的支持下都准备好了，但是这块地上原有的房屋、厂房等有价值的资产一时半会不能完全清理干净。这些资产属于集体所有，处置起来存在一定的难度。有村民提出建议，若集体不愿保留这些资产，则考虑将其分配给村民，由村民自行拆除，每人都有一些，这样也合算。村“两委”经过认真讨论，认为此方案不可行。后因无法满足改革的时间进度的要求，最终将这些资产当作废弃物进行处理，使用挖掘机、装载机全部清空，以实现在规定的时间内准备好“净地”的要求。在此过程中，确实产生了一定的经济损失，但由于是集体决策，这些损失最终由村集体来承担。

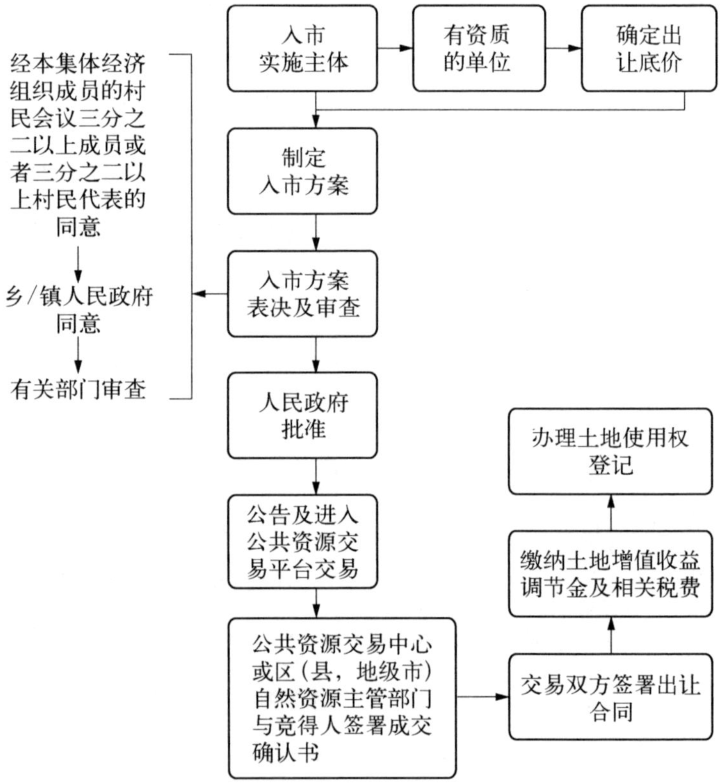

图 1-1　集体经营性建设用地入市流程图

2015 年 8 月 17 日，战旗村注册成立郫县唐昌镇战旗资产管理有限公司，确定了除承包地和农民确权的宅基地以外的所有土地及土地附着物的权属。公司以村议事会成员（35 人）为发起人，注册资本 1 704 万元。战旗村的 1 704 名集体经济组织成员成为公司股东，每人持有 1 万元的股本。根据公司章程及股东代表大会的决议，经营收益的分配方式及比例如下：年收益的 10%作为法定公积金，20%用于村公共福利（包括为每个村民购买新农合医疗保险，为 60 岁以上的老人发放养老补助），15%用于社区公共管理资金（涵盖社区治安、环境整治、社区卫生保洁等方面），15%用于社区及村域基础设施的配套建设及维护（包括水、电、气、视、讯、道路、绿化等），20%作为资本公积金，用于扩大公司经营规模，剩余 20%则分配给每个集体经济组织成员。公司按照现代企业管理制度设立董事会，由村“两委”成员（7 人）担任董事会成员，村委会主任担任董事长，村党总支书记担任总经理，村监督委员会成员（5 人）为监事会成员。

2015 年 8 月 26 日至 9 月 7 日，战旗村将原有的村办复合肥厂、预制厂及村委会老办公楼所占用的总计 13.447 亩的集体建设用地，在郫都区公共资源交易服务中心以 49.5 万元/亩的起拍价进行挂牌交易。最终，四川迈高旅游公司以 52.5 万元/亩的价格成功竞得该块集体建设用地 40 年的使用权，此举是全省农村集体经营性建设用地入市交易的首例成功案例。此次入市土地的竞拍价格总计 706 万元。根据《集体经营性建设用地使用权挂牌出让竞买须知》的规定，竞得人在签署《郫县集体经营性建设用地使用权出让合同》后的 10 日、50 日、90 日内，需分别支付地价款的 30%、40%、30%。

为何四川迈高旅游公司被选中进行此次摘牌？该公司是郫都区一家专门从事村镇发展服务的企业，包含区域策划、设计、建设、运营等全链条业务内容。该公司自 2002 年开始将主营业务定位于乡村建设以来，先后参与郫都区的三道堰惠里商业街、青杠树村、横山村等项目的开发和运营。郫都区约三分之一的乡镇都与迈高旅游公司存在业务合作关系。2017 年，“首届四川村主任论坛”在战旗召开，为本次大会做村庄改造工程的就是迈高旅游公司。迈高旅游公司和当地政府、村委会合作比较紧密，彼此信任度高。在集体经营性建设用地试点项目启动后，政府邀请了包括迈高旅游公司在内的多家企业参与竞拍。最初迈高旅游公司并没有竞拍意向，而是由其他几家更有实力的企业参与竞拍。由于价格过高，战旗在郫都区本身不具有发展“三产”的好区位等原因，其他企业均放弃了本次竞拍，最终迈高旅游公司在竞拍中摘牌。

迈高旅游公司对入市土地评估后，认为战旗村本身并不具有发展“三产”的好区位，竞拍价也是笔不小的数目，而且集体建设用地入市政策还有很多不完善的地方。于是，迈高旅游公司与战旗村“两委”沟通，将村内的存量资源重新梳理，发现其实战旗村内可经营性资产还算丰富，如果可以协同村集体组织分散的闲置资源（如村集体的房屋、土地、村民闲置住房、农用地等），实现经营权集中统一，战旗村就有产业升级转型的机会和条件。基于双方的深厚信任和已有的稳固合作关系，迈高旅游公司以每亩 52.5 万元的价格成功竟得该地块。然后由其投资 7 500 万元，建成第五香境文旅综合体，引进全国连锁斯威登酒店入驻经营。该酒店目前拥有近 200 个床位，作为其在全国范围内的首个乡村酒店投资项目，迈高旅游公司与酒店的高层管理人员进行了多轮深入沟通。建成后，底楼铺面有 30 余家商户入驻，其中外来商户 25 个、本村经营户 6 个，主要经营特色餐饮、美食、旅游纪念品等；又引进京东云创建成“绿色战旗品牌创新中心”。青年文创、供销社、电力、电子商务等相关为农创业创新板块也陆续被引入，作为集中展示参观的中心。成都周边的市民也纷纷在第五香境购买房产，成为战旗村的新居民。2018 年 4 月第五香境正式开街，全年实现产值 1 000 余万元。通过本次土地就地入市，不仅成功盘活了村里的闲置资源，还进一步完善了旅游产业的配套设施，使其成为战旗国家 4A 级景区的核心组成部分之一。建成后的第五季香境项目转让了 40 年所有权给小企业主，同时小企业主又将物业经营权委托到花样战旗景区管理公司（运营平台），由运营平台进行统一招商和运营管理。此举既确保了企业投资的及时回款，又通过专业运营平台的管理，实现了产业方投资项目的可持续发展，同时保障了小企业主的投资回报。村集体除了出让土地获得的收益以外，还将获得运营第五香境取得的分红收益。

对战旗村来说，“第一槌”的意义不在于拍卖这块地本身，而是通过交易发现村集体资源资产的价值。在这之后，村集体可以利用土地承包权、建设用地使用权、生产设施所有权等各类产权抵押融资6 000余万元。“第一槌”入市项目用集体建设用地抵押，获得成都农商银行贷款授信1 500万元，实际贷款410万元。全村清理出集体建设用地近200亩，资产估值超过2亿元。这些地方通过入股经营、自主开发、直接挂牌等方式与外部主体进行合作开发。“第一槌”的拍卖为土地的金融化提供了定价基准。原本闲置的集体和农民资源被转化为资产，进而通过交易、抵押等手段转化为资金。如村民朱建勇将其173平方米农房进行抵押融资，获得贷款15万元。这是改革的一项成果。

高德敏书记曾言，“战旗村原本有机会成为全国集体经营性建设用地入市的首个成功案例”。然而，在一次贵州考察团的访问中，他们详细了解了当地的情况，并且在时间上超越了战旗，因而失去了这一先机。2015 年 8 月 27 日，贵州湄潭敲响了全国首宗农村集体经营性建设用地使用权拍卖的“第一槌”，拍卖宗地面积 3 332 平方米，其原来是一个加油站，规划后的用途为商业和服务业，最终以 80 万元成交，每亩约 16 万元。价格和用地面积都和战旗村的试点不在同一个层级上。

3. 土地作价入股及其他几种经营方式

天府战旗酒店，毗邻战旗培训学院，是四川省首个通过作价入股的方式成功落地的农村建设用地项目。这种入市办法与经营性建设用地的一次性出让在性质和操作上均存在显著差异。

战旗村用 6.5 亩存量的闲置集体建设用地，与社会资本一起成立了一个公司。按照协定，战旗村占股 49%，对方占股 51%，建成天府战旗酒店。在此合作过程中，战旗村面临并解决了很多村集体都会遇到的问题。例如，农村土地的估值普遍偏低，导致了总投资额度的不足。当时投资的 600 万元是基于每亩 98 万元的估价，然而该酒店的修建成本高达约 3 000 万元。按照原本的约定，战旗村应投资 49%，对方投资 51%，但由于资金短缺，战旗村按出资比例无法达到其约定的投资额度。当时，对方提出了两种解决方案：一是村集体退股至百分之十几的持股比例，二是村集体出资补足剩余 49%的股份。但是战旗村既不想退股，又没有额外的资金来补足剩余的比例。

最终，双方达成妥协，战旗村出资600多万元占股49%，而对方出资700多万元占股51%。剩余的2 000万元则作为两家股东合资的共同债务，在未来的经营过程中逐步偿还。双方采取这样的方式既能够保证村集体的占股比例保持不变，又不用再掏钱出来投资。这样才能解决投资的问题。

在项目的经营上，此项目预计多长时间能够实现分红是大家关心的问题。据测算，经营得好，可能需要七八年；经营得不好，可能需要十几二十年。鉴于村集体短期内无法迅速产生显著效益，导致参与其中的村民们无法立即从该方式中获益，那么为何仍选择此种方式并推动此项目呢？答案是：村集体不是对所有的地都采取作价入股的方式。之所以采取这种做法，是因为当时村里非常急需这样一个配套项目。战旗村及战旗学院，平时每天都会有一二十个团队有住宿的需求。当时的战旗村，急缺一个能够提供住宿的酒店。村集体采取这种方式，是为了配套战旗村整个区域的发展。

战旗村集体经营土地资源，除了出租、出让、作价入股和自主开发这四种基本方式之外，还有一些创新性做法。例如，利用土地增减挂钩政策进行的土地综合整治。战旗村新型小区的建成，靠的就是这种方法。

第二种方案是农地溢价分红。村集体以农业合作社为平台，将农用地的经营权及使用权从村民手中收回。农业合作社在经营农用地时，不限于单纯的租赁方式或入股方式，而是采用了一种低价的保底租金策略。这一策略就是在种植常规粮油作物时能够将获得的收益全部分给村民，同时把经营中升值的溢价部分给村民分 50%，集体合作社留 50%。

第三种方案是转息。在项目引进过程中，村集体为土地的受让方提供了一种较为灵活的土地出让金处理方式，以减轻受让方的资金压力。在收到土地出让价款后，采取借款的形式将资金再次借予受让方。这里有个实际案例：投资方要在战旗村兴建一家影剧院，合同是 2019 年年底签的。三年疫情，导致项目没能顺利推进，战旗村采取的做法是将出让款转借给他以收取利息。由于疫情的影响，该土地项目一直未能开发，因此，战旗村以转息方式借出的款项也未能如期收回。由此可见，更为稳妥的做法是采取借款方式，确保在完成了报规报建、机具进场并开始施工之后，再将资金借出。

第四种方案是统规共建。位于天府战旗酒店旁的“壹里老街”，原为战旗村民在 20 世纪 90 年代初期规划并建设的村民集中居住区，包含 30 余户住宅。这些建筑的特点在于，其前部为三层楼房，用作起居室，后部则用于饲养家畜家禽（如猪、鸡），以及作为厕所、厨房和储物空间。战旗村通过统一规划，经济条件较好的村民可按照规划自行建设住宅，经济条件较差的村民则可将闲置的宅基地和房屋出租给村集体，由村集体负责改建。这样就改成了一条特色商业街区。这条商业街区在 2019 年 12 月动工，2020 年 6 月份建成。疫情期间，战旗村埋头开展建设，村集体的一部分投资是在疫情期间投进去的。这一段时间村集体的资产增长得非常快。

战旗村现有 3 家酒店、11 家民宿，提供近 1 000 张床位，其中大部分床位是近两年新增的。统规共建项目没有新占一亩地，也没有大拆大建，更没有赶农民“上楼”。而是在原来的基础上，通过改建的方式，成功打造了一个全新的消费场所，进一步完善了景区的配套设施，并且引入了新的业态。

第五种方案是保底分红。吕家院子是一个专注于宅基地开发经营的项目，旨在充分利用林盘资源。川西老百姓的聚居方式有其独特性，他们以姓氏为单位，聚集了一二十户人共同居住，并一起修建房屋和院落。在房前屋后，他们种植了竹子和树木并构建了水系和祠堂，形成了一个融居住、农耕、休闲为一体的林盘。林盘的生态环境优越，但此前主要服务老百姓的居住需求。如何把生态价值转化为经济价值？战旗村采取的做法是经营开发试点。村集体把院落租过来，进行风貌改造，改造完后再招商。在招商的过程中，首先确保的是租出院落的租金，即支付给村民的金额与商家支付给村集体的金额相等，村集体不从中赚取差价。村集体通过宅基地的集体土地所有权权益，公共基础设施，如道路、交通标识、周边环境的维护，以及战旗村的品牌配置等，与商家合作并获取相应的股本金分成，流水按照营业额的3%提取。

第六种方案是协议入市。战旗村协议入市的项目有其特殊之处，面向的是农耕博物馆，对该项目也需要进行后续的合法化手续，即为其进行项目登记或备案。该项目是政府安排的，由国有公司直接建设，一定时间内有不少手续没能走完。例如，战旗乡村振兴培训学院就存在这样的情况：土地归战旗村集体所有，而房屋资产则属于国有公司，但其法人代表又来自村委会。因其牵涉的相关方比较多，带来了一定的问题。目前，战旗村集体的土地尚未实现其应有的价值，而国有公司投入的数千万元资金也未能转化为有效资产。现在的办法是通过协议入市的方式把这块地先卖给国有公司，然后其就能够完整地去办理产权证了。这也是国有企业参与乡村振兴的一种方式。国有企业要完成重大项目的投入，但这投入必须形成国有资产。

自2020年战旗村与金星村合并以来，该村面临着两项重大的改革发展任务。其一是实施“强村带弱村”战略，因此需要对国土空间规划进行重新调整。除了保留水源保护区的院落外，需对其他院落进行重新规划。同时，产业发展项目和景区游览路线也需要进行相应的调整。2023年年初，已启动景区多条旅游环线的调整工作，以覆盖新合并的区域。此外，还计划在新区域实施宅基地有偿腾退政策，采用新的宅基地改革方式推动腾退工作。原金星村地界上的四个地块中，计划在其中两个地块上建设新的集中居住区。对于腾出的两个地块，将采取土地出让的方式引进相关项目。此举旨在实现村民就地城镇化，实现产权一体化，避免出现战旗村宅基地改革时的情况，因宅基地退出后指标被出售而导致核心资源的流失。

三、我们的评述

集体土地是集体发展的物质基础。战旗村经历了合作化、“学大寨”、人民公社等阶段，其土地和居民结构发生了显著变化，通过新的组织方式，最终形成了土地集体所有制的制度安排。这一制度和土地上的人结合起来了，在党的领导下，通过奋斗，改变了生产、生活与生命的状态，造就了村庄新的面貌。改革开放前，村集体通过军民共建、“学大寨”等活动，完成了农田的整治工作，积累了大量储备粮，同时开展了多元化经营，兴办了砖厂，为部分劳动力提供了就业机会。20 世纪 80 年代，战旗村又利用原先积累的经济、政治优势，大力发展乡镇企业，集体经济获得了较大的发展。战旗村世纪末村办企业的“逆私有化”的改革为村集体保留了资产、建设用地，通过拍卖、租赁的形式积累了不少流动现金。这是村集体的又一个新的转折。之后战旗村的发展进入了新的阶段。村民的农业用地重新流转回集体，村庄建设用地的集中规划、新型社区的建设都是通过村内土地新的变化产生的。

战旗村的土地经历了多次的分合变化。土地的分合背后是工农关系的变化。人民公社时期土地和劳动力的集中为大规模农田水利建设创造了条件，大大改善了村庄农业生产的面貌。分田到户及背后“村民—集体—国家”分配关系的调整解决了农民的吃饭问题。村集体又在集体的农业用地上发展起了乡镇企业，为村庄的发展打开了一条新路。进入 21 世纪初，由于村民外出务工及农业税的压力，村集体逐步将农地收回集体管理。这为后来“妈妈农庄”项目和榕珍菌业项目的引进打下了基础。村内的建设用地也经历了比较大的变化，建设用地的出租、转让、作价入股、自主开发，发展了农副产品加工、商业综合体、教育文化产业，建设新小区。土地上产生了新的产业。土地新的利用方式与新的业态相结合，既契合了城市和市场新的需求，又与政府的农业农村政策密切相关。

土地是村庄经营最重要的资源，但村庄的经营又不能完全像企业一样。企业是一个纯粹的经济组织，村集体却不是，它有共同体对成员的责任。在创业发展的初期，集体有低成本易凝聚的优势。土地和劳动力都是自有的，可以内部结算。在资金的使用上，村集体可以选择内部调配资金以提高效率，或者采取延迟支付工资的策略来降低资金成本。这是村集体“家族式经营”的优势。当然，其中可能滋生的村干部腐败和委托代理问题则需要一个良好的治理结构。有效的治理是乡村产业持续发展的基石。当村集体组织力强大时，治理成本相对较低且能够迅速响应市场和政府对乡村发展的新需求。战旗村形成的业态是复合的，集体经营方式、集体利益的实现形式也是多元的，政府部门是村庄经营重要的投资方和客户。村集体应深入理解并应用政治经济学原理，将政治影响力转化为实际的经济效益，同时避免受上级政府过度干预。这也是战旗村集体经营的一大特点。

战旗村的众多变化主要源于土地，然而土地本身的变化并不直接产生经济收益，产业的转型和城市的扩张才是推动土地价值增长的主要动力。在特定的政策机遇下，战旗村的农地成功转化为建设用地，为村庄的持续发展提供了丰富的资源基础。作为改革的先行村，战旗村率先吸引了政策、项目和资金的聚集。土地作为这些变化的载体，其价值自然水涨船高。战旗村生态旅游、教育文化产业的发展满足了城市居民对休闲体验、乡村优质产品和服务的新需要。乡村特有的功能和体验让城市居民心生向往，而战旗村作为走在前列的村庄，恰好满足了这部分城市居民的需求。战旗村的生活、生产形态慢慢向城郊的小镇转变，成为“城市下乡”“城郊村庄”所在地现代化的一个典型。

四、同类做法

（一）七岌村村集体兴办葡萄产业园的经验教训

山东省青岛市莱西市院上镇的七岌村，其历史可追溯至明朝永乐年间，由姜姓人士所建立。七岌村得名于村北的七座小山，据传说，每座山上曾有一只金鸡，因此得名七岌村。

七岌村位于院上镇西部约 6 000 米处，地处小沽河中下游的东岸，交通便利。该村土地总面积达 3 500 亩，其中耕地面积为 2 800 亩，荒地超过 200 亩，村宅基地 500 多亩，居民 480 户，1 570 人。2019 年 4 月，七岌村与周边三个村庄进行了合并，形成了七岌新村。七岌新村总人口约 2 600 人，耕地增加到 4 000 余亩。

自 2000 年开始，七岌村党支部开始引领村民建设克瑞森葡萄产业园，曾取得了一定的规模。然而，由于村集体合作社未能确立对葡萄产业链的主导地位，因而社员在生产环节各自为政，产品质量下降，进而造成社员和集体的共同损失。到 2015 年，村合作社名存实亡。村集体从经验教训中认识到，做好葡萄产业一定要将生产与营销形成产业链，要将土地、人力、科技与资金诸要素进行系统化整合，一定要有既有长远眼光又真心为大家办事的带头人带领大家结成利益紧密结合的组织。

2018 年 5 月起，七岌村集体重新启动了克瑞森葡萄产业园项目，并且在此后取得了显著的成效。他们建设的 380 亩克瑞森无核葡萄避雨设施产业园区，2021 年纯收入就达到 120 万元，2022 年扩大到 500 亩，纯收入 400 万元，2023 年，纯收入达到 600 万元。2022 年，产业园的葡萄种植户人均收入超 3 万元，显著提升了全村的人均收入水平，远超 2 万元。2019 年 5 月，七岌新村登记注册了青岛联村工贸有限公司，该公司是七岌新村村集体由一个公司、两个合作社、几十个村民合股组成的有限责任公司，村集体占股 34.4%。2022 年，村集体首次获得 68.8 万元的股份分红，2023 年，村集体得到的分红超过 100 万元。

七岌村的葡萄产业园是怎么做起来的？又有什么经验教训呢？

1998 年年底，七岌村村民姜训回村担任七岌村委会主任。他观察到七岌村的农业主要依赖传统的大田作物，如小麦和玉米，这成为农业收入低下的主要原因。因此，他开始思考如何调整七岌村的产业结构，通过种植果蔬等方式促进农业收入的增加。当时，正值全国二轮土地延包期间，莱西市政府在遵循国家二轮土地延包政策文件的基础上，针对莱西市的具体情况，补充制定了一个土地延包政策文件。

据该文件，一轮土地承包合同到期后，原先承包给村民的林果桑地可由村集体收回并运营，具体运营方式由各村自行商议决定。刚返乡的姜训意识到这是一个加强集体经济实力的机会，于是就召开村党支部委员会和村民委员会讨论，将600亩林果桑地的承包权收归集体。而将其余的2 000亩耕地，按照每口人1亩3分地的标准均分给了全村村民。而其他村除了保留原有5%的机动地外，没有一个村采取收回这些林果桑地的做法。

七岌村收回林果桑地的目的不仅在于增加集体土地的承包收入，更重要的是为了调整农业产业结构，为壮大集体经济奠定基础。自2001年起，七岌村开始调整农业产业结构。姜训带领村“两委”干部及骨干村民多次外出考察学习，经深入研究和讨论，最终选定了葡萄产业作为发展方向。一是因为七岌村老一辈村民种过葡萄，二是当时莱西市日庄镇有些村庄开始引种克瑞森无核葡萄。克瑞森无核葡萄主要集中在每年10月份左右上市，正好是葡萄市场的空当期，市场发展空间较大，于是七岌村“两委”决定引进这一品种。

然而，当时日庄镇部分村庄的葡萄产业主要由个体村民分散种植，即使是连片的葡萄园也各自属于不同的村民。姜训的构想不局限于发展无核葡萄这一特色产业，他还考虑到了如何通过设立葡萄产业园来整合零散的集体土地，实现规模化经营。

七岁村“两委”已制定方案，并且在村民大会上宣布，计划集中100亩土地用于统一种植克瑞森无核葡萄，要求该地块上的村民将原先零散种植的作物全部更换为葡萄。并说明，种植克瑞森无核葡萄，在妥善管理的情况下，预计三年内可收回成本，第四年开始实现盈利。根据当时的市场行情，村民每亩地的年收益预计可达到1万元左右。村“两委”将为葡萄种植户提供包括统一引种、施肥、管理和销售在内的全过程服务。这块地上的村民，凡是不愿意改种葡萄的，可以用集体的机动地置换土地。最后，集中的100亩葡萄地中，约30亩是用集体机动地置换过来的。村民自愿选择，集体公平补偿，直至使村民感到满意为止。

在村“两委”的领导下，葡萄的收成表现良好。村民看到了效益，乐意多种植葡萄。村“两委”借此契机，积极扩大葡萄园的规模。2004年开始葡萄园的规模逐年扩展，到2009年，连片的葡萄园扩大至500亩。其中200亩是村民与集体进行土地置换的连片集体土地。置换方式与之前100亩土地时保持一致，即凡土地位于500亩葡萄园内的村民，若不愿种植葡萄，可在村机动地和林果桑地中自由选择，与村集体进行土地置换。当时，除了集中地块，不少村民利用自家承包地分散种植葡萄。2010年前后，全村种植葡萄的地块超过600亩，七岁村葡萄产业形成了一定的规模。

2001 年以来，七岌村“两委”不但集中土地种无核葡萄，还推动了苹果、桃、甜瓜等作物的种植及种桑养蚕等农业活动的发展，基本实现了七岌村的农业产业的转型，从而大大增加了农民的收益。

当时，七岌村发展成青岛地区最大的克瑞森无核葡萄种植基地。每到葡萄收获时节，各地客商纷纷到七岌村采购葡萄。村合作社与客商确定葡萄的等级、价格和预售购销合同，搭建了葡萄销售的基本秩序。当时，七岌村葡萄的每亩最高产量被控制在 4 000 斤，以高品质和高甜度著称，每斤的收购价格高达 8 元。合作社在每斤葡萄售价中提取 1 角钱，作为劳务费分给相关管理人员。

然而，为了增加收入，部分村民违反了合作社的规定，擅自提高亩产，每亩葡萄产量高达 6 000 斤、8 000 斤，甚至达 10 000 斤，这导致了葡萄品质的急剧下降，如甜度降低。在此过程中，七岌村的葡萄口碑受损，客商流失。2013 年之后，七岌村的葡萄产业出现了波动，部分村民甚至将葡萄树连根刨出，以改种其他作物。由于村民不遵循合作社的规定，导致葡萄质量无法得到保障，销售面临困境。从 2015 年起，村合作社停止了葡萄销售业务，将葡萄园内的 100 亩集体土地改种蘑菇。原本村集体每年从村民缴纳的 750 亩葡萄园土地承包费中获得的 15.6 万元收益也因此不复存在。

2018 年，七岌村村“两委”汲取过去的经验教训，重启克瑞森葡萄产业园项目。他们深刻认识到，高质量的葡萄产品是农民与集体利益的共同基石，规模化葡萄产业的发展离不开标准化、高质量的农业生产管理。

2019 年，七岌村与周边 3 个村合并为七岌新村。在七岌新村党委的领导下，再次发起集中土地建立葡萄产业园的集体行动。短短两年时间，成功建立了占地 380 亩的成方连片克瑞森无核葡萄避雨设施产业园区。其中 100 多亩是村民永久承包地，200 多亩是集体土地。集体土地的获取遵循了 2001 年的模式，通过集体机动地和林果桑地与 380 亩葡萄园的耕作村民进行土地置换的方式实现。

七岌新村葡萄园的总投资为 600 多万元。资金来源主要包括莱西市委组织部为 3 个村提供的扶持资金，以及市委组织部要求七岌新村带动其他村发展的专项资金、政府农田水利项目和水肥一体化项目的支持资金、银行贷款。同年，七岌新村成功注册了青岛联村工贸有限公司，该公司由村集体与葡萄园内二十几户村民共同出资合股成立。村集体的股份占大头，这种合作方式结束了以往只能从土地承包费中获取收益的历史，集体可以名正言顺通过股份获取分红。

七岌新村的克瑞森无核葡萄已具备良好的技术和市场基础。为进一步强化其产业地位并形成适度规模，村“两委”基于过往经验，深刻认识到葡萄种植的技术创新和高品质管理是推动葡萄产业持续发展的核心途径。

姜训被任命为葡萄产业园党支部书记，他针对克瑞森葡萄在本地种植过程中遇到的三类技术问题，即避雨葡萄棚固架强度不够、用水大小难以配套及葡萄藤过冬时深层土壤温度过低，自行租赁了两亩葡萄地进行开发性试验。他自主研发的三类技术全部用在葡萄园，取得了显著的效果。

在葡萄设施技术达到标准化后，葡萄栽培和管理的各环节也必须统一标准。七岌村过去的经验表明，尽管土地已经集中，但村民各自为政，一味追求产量扩张，导致管理无法统一化和标准化，进而影响了葡萄的品质。为了解决这一问题，姜训引入了马连庄丰诺农化公司的全程托管服务，该公司提供了葡萄产业的标准化技术指导与管理，从而实现了葡萄园的高品质、大批量生产，七岌村的葡萄质量甚至达到了出口的标准。

此后，七岌村的葡萄获批了国家地理标志，恒温库项目运行，出口加工基地建成。2024 年 1 月，第一批葡萄将出口东南亚。七岌村村民终于实现了他们的梦想，七岌村的葡萄，作为以高质量、高标准、绿色无公害、无核为特点的新品牌，在齐鲁大地上崭露头角。

参考材料

(1) 杨团．莱西研究项目院上镇研究组的案例：七岌村村集体经济发展调查报告［M］// 综合农协 中国“三农”改革突破口，北京：中国社科文献出版社，2020 年。
(2) 七岌村带头人姜训访谈录，2019—2023。

(二) 南庄村由乱到治 齐心聚力谋发展

南庄村位于山东省烟台市福山区门楼街道，是 20 世纪 50 年代由南庄和南沟两个自然村合并而成的行政村。有村民 270 户，753 人，村“两委”成员 4 人，党员 28 人，1 000 亩耕地，其中 400 亩由村集体流转。南庄村合作社全员入社，村集体占股 78%，累计投入 1 000 余万元，种植樱桃、苹果、桑葚等各类经济作物 1 万余棵。2019 年，农民人均分红达 5 000 余元，人均收入 3 万多元，2018—2019 年村集体经济年收入达 200 万元，2020 年至 2023 年，村集体经济年收入近 400 万元。

南庄曾是一个贫困且混乱的村庄，其中两个自然村的两大家族长期内斗，持续了几十年。直到 2009 年，南沟村的彭利民被门楼街道党委邀请回村担任党支部书记。彭利民回村后，走访全体党员，随后召集全体党员召开会议。他致力于推动村民统一思想，强调南庄村因长期内斗而越发贫困，若再不团结一心共谋求发展，将持续陷入贫困，村民自身则成为南庄发展的阻碍。他思考如何使这两个长期内斗的村庄团结起来，共同投入发展。

第一个行动是政府启动的绿化和硬化工程。彭利民利用这两项工程展开工作。在绿化工程中，他首先拆除了南沟的违章建筑，随后是南庄的；在硬化道路时，他则优先进行南庄的道路建设，再进行南沟的。彭利民这一举动打动了村民，成了双方关系缓和的催化剂。

第二个行动是建设钰源阁。南庄山上有一个蓄雨水的土坑，其面积约为 3 平方米。彭利民作为一位经验丰富的工程承包商，在观察到这一地貌后，提出了将该土坑改造为扬水站的设想，旨在将山下的水抽上来灌溉山上的果林。此举不仅有助于形成水循环，而且还能为南庄增添一处具有旅游开发潜力的景观。于是，他自己设计、自己施工，组织两个村的村民上山背石头，建亭阁，还拿出自家 90 多万元的存款购买材料，这一举措让两个村的村民在劳动中增进了解。此工程建成后，取名为钰源阁，取两村百姓互信互爱、安定团结的寓意。此后，钰源阁成为南庄的标志性建筑，吸引了众多游客前来参观，成为南庄不可或缺的一部分。南庄村民由此逐渐团结起来。

第三个行动是迁坟。经集体决议，漫山散落的 470 座坟地统一迁到村西设立公墓处。迁坟行动不仅最终化解了两个村长期存在的矛盾，而且加强了党支部与群众之间的联系，村民们不分昼夜地开会，积极为南庄村的发展出谋划策。通过交流，村民们增进了彼此的感情，消除了潜在的矛盾，共同为南庄村的未来发展凝心聚力。

为了推动南庄的持续发展，党支部和村委会决定充分利用荒山资源，进行植树造林活动。2010 年开始开荒种树，60 余亩地种了 2 000 余棵樱桃，迈出了南庄村集体经济发展的第一步。

2014 年，南庄建立了村集体和村民合股的企业——兴农农业开发中心。企业下设综合开发、采购、财务 3 个部，以及 6 支生产队。其中，6 支生产队分别负责管理不同的功能区，实行财务独立核算，资金可以相互拆借；实行有偿借款，按期还款还息，提高了资金周转和利用率。村党支部还指派了具备丰富经验的专业人员，负责种植养殖计划的制定、技术指导、品牌创建及市场开拓等经营管理活动。村集体建立健全合作社规章制度，强化章程审核、股权划分、收益分配、社务公开、财务管理等流程，实行财务独立核算，确保合作社的规范运转。

村集体与村民的合股企业成功解决了三大问题：首先，通过组织农民进行生产活动，显著提高了村民的收益；其次，通过将土地流转给集体，为集体经济提供了广阔的发展空间；最后，为党员安排值岗调解，有效化解了矛盾，为社区的和谐稳定创造了条件。

随后，他们采用土地流转和集体返租的方式，成功整合了400亩土地，并且启动了魅力南庄田园综合体项目。该项目分4个经济作物种植基地，1个养殖基地和1个休闲娱乐区，构建农业与服务业相结合、种植与养殖相统一的新格局。

2017年，烟台市委组织部提出，要以党支部领办合作社的方式发展壮大村集体经济。在运用这一思想对过去工作进行审视时，南庄党支部发现，2012年因迁坟而腾出的80亩林地作为村集体资产，此前并未得到充分利用。因此，2017年，该林地被转化为集体资产的股权，注入魅力南庄果蔬农民专业合作社，全部用于种植樱桃。

2017年以来，南庄党支部主要做了以下五项工作。

1. 壮大主导产业，优化樱桃生产和销售管理

南庄村自20世纪50年代起便成立了南庄科技服务队，成功培育出樱桃新品种。经过多年的探索与实践，村党支部结合当地土质现状，决定大力发展经济作物的种植，并且将现代农业设施化栽培确立为主导产业。通过利用开荒迁坟所释放的集体土地及群众流转的土地，共计700多亩，投入超过1 000万元的资金，成功种植了樱桃、苹果、桑葚等各类经济作物共计1万多棵。

在生产和销售管理上，南庄村采取了一系列的举措。第一，进行

了品种改良。村民往往仅关注短期效益，缺乏更换品种的意愿。因此，为了推动品种改良，需要树立典型，以发挥示范引领的作用。合作社在流转的土地上试种了梅枣，作为樱桃的优良品种进行推广。同时，合作社采取统一销售的方式，确保只销售优质品种，拒绝销售残次品。经过数年的努力，南庄的梅枣品种得到了推广和应用。第二，村理财小组入户对各家生产的樱桃进行质量评估，并且据此确定合理的价格。由于各家各户的樱桃树质量及樱桃品种存在一定的差异，因此价格也会有所不同。第三，对樱桃进行分级分拣，既为闲置劳动力提供了增收途径，又提高了优质樱桃的市场价值。第四，合作社根据市场行情进行定价，与客商签署合作协议，并且直接使用客商的果筐进行樱桃的采摘和物流运输。合作社设有专门的销售团队，负责果实的收购工作，先收购集体地里的果实，再根据评估结果收购村民地里的果实，从而带动村民的发展。

2. 创新电商营销方式

尽管合作社对外来客商可进行市场议价，但还是难免客商有时赚取村民的辛苦钱过多。例如，客商对村民种植的梅枣的地头收购价为30～32元/斤，但是市场批发价格起码为60多元/斤，差价与收购价大略相等。

为了让农产品的销售利润尽可能多地留在集体和农民手里，2020年南庄合作社成立了电商销售小组，由本村的大学生组成团队，进行线上销售。

为进一步探索市场化资源助力乡村振兴的方式，村集体还与山东看看山河文化传媒有限公司签署合作协议，围绕“乡村振兴电商直播”与“新农人培训”两大业务板块开展合作，如开展暖棚樱桃直播带货，以增加销量，带动村民增收。

3. 农旅融合规划

为了顺应现代农业和乡村旅游融合发展的需求，南庄合作社依托其紧依水库、背靠东山的地理优势，对魅力南庄项目进行深层次规划，打造集山上观光休闲和山下民宿体验于一体的“田园综合体”。

4. 实现集中居住，改善村庄环境

随着城市化进程的不断加快，南庄村依托位于街道办事处驻地的优势，主动争取，纳入城郊村庄整体改造提升项目。为解决村民安置问题，村党支部采取了房地产开发与集中安置相结合的模式，初期投资3 000万元，开发了6栋居民住宅楼。通过宅基地置换楼房的方式，南、北两个自然村实现了集中居住，居民的生活条件得到了显著改善。经召开党员和村民代表会议的集体研究，决定每年从合作社的集体收益中提取30%作为专项资金，用于基础设施建设。目前，已累计投入资金超200万元，硬化了村内道路8 000平方米，安装了85盏路灯，建设了5 000平方米的樱之恋广场。此外，还高标准地打造了一个融学习阅读、文体娱乐等功能为一体的村民活动场所。村民从事农业生产的上山道路硬了，交通出行的路灯亮了，晨起锻炼、跳广场舞的村民也有了好去处。

5. 帮扶贫困和弱势群体，文化治理兴村

为了让全体贫困户和弱势群体都能跟上全村发展的脚步，促进村民共同富裕。在成立魅力南庄合作社时，村集体为所有建档立卡的贫困户出资入股，确保全体村民应入尽入、一个不丢，入社率达100%。

村党支部积极引导村民组建舞蹈队、锣鼓队、戏曲队等5支队伍，鼓励村民积极参与樱桃节、秧歌进城、民俗庙会等节庆会展。村党支部组织开展了重阳节孝亲敬老、庆祝三八妇女节等一系列活动，每年举办党建引领的传统文化活动10余场。每年评选文明户、美丽庭院各6户，好媳妇、道德模范各6名，倡导树立优良家风和文明乡风，打造新乡贤文化，弘扬向上、崇善、爱美的正能量。

南庄村党支部领航，带领全体村民在过去的15年中，成功走出了一条“由乱到治、由治到兴”的振兴之路。该村获评“省级乡村振兴示范村”，村党支部获评“全省干事创业好班子”，党支部书记被授予全省“担当作为好书记”称号。

参考材料

(1) 杨团. 烟台门楼镇南庄村调研纪要［M］//综合农协 中国“三农”改革突破口：2019—2020卷，北京：中国社会科学出版社，2020。
(2) 烟台党建微信公众号，南庄村党支部：支部领航添动力 产业兴村聚民心，2023。
(3) 彭利民访谈记录（2019，2020，2023）。

(三) 抓党建促土地托管，推动集体经济产业良性发展
——河北省沧州市孟村县牛进庄乡东赵河村的集体经济

河北省沧州市孟村县牛进庄乡东赵河村的集体经济发展得益于孟村县和牛进庄党委全力推动集体经济发展的举措。在县、乡两级政府因村施策的务实精神指导下，该村深入分析了本村组织和资源方面的优劣势，仔细比较了外部市场主体的托管服务条件。通过加强党建工作和队伍建设，以及开展细致深入的思想工作，该村精心推出的土地托管方案成功赢得了村民的广泛支持。同时，该村积极拓展集体经济的发展路径，尽管土地资源丰富但缺乏其他资源和区位优势，然而该

村通过充分利用财政扶持、本地企业的技术支持和金融支持，走上多途径、多形式发展集体经济的道路。

1. 村情概况

赵河村位于牛进庄乡政府以北 3 000 米处，是一个回民聚居的村落。全村共有 496 户 2 079 人；有耕地 8 048 亩，其中水浇地 2 800 余亩，土地耕作以常规的种植模式为主。村民的主要收入来源包括农作物种植、养殖及外出打工 3 种形式。村民中有一部分为传统小型养殖户，以牛、羊养殖为主。该村 40％的劳动力选择外出务工，村民外出务工的地点主要集中在北京、上海、山东等地，其余部分劳动力选择在附近的企业从事临时或兼职工作。村里的妇女们主要从事餐饮服务、企业临时工作或养殖场工作。

实行家庭联产承包责任制后，村集体的砖窑承包给了个人，承包费用归村集体所有，除正常开销外，用于村上的道路建设及规整田地。脱贫攻坚时期，当地政府扶持了很多私营的小微企业，然而，村集体的收入仍然相对微薄，仍需依赖外部支持来维持日常运营。2021 年，村“两委”换届后，新一届党支部结合省、市、县、乡的政策，推动以土地流转为主的村集体经济增收计划。

在县、乡两级的指导和帮扶下，该村结合乡党委提出的整合盘活闲置资源，依托新型经营主体，大力发展合作社经济，确定了以村党支部为主的村集体股份合作社牵头、土地托管为基本实施方案的增收模式。

2. 村集体经济寻求发展道路

提及该村村集体的变化，离不开一个重要人物——村支书张向阳。张向阳 1994 年毕业，1995 年去当兵。当时，他的家庭经济条件较为困难，全村老少共同集资支持他参军。张向阳在部队期间表现优异，于 1996 年加入小车司机班，担任团长司机。1997 年，张向阳光荣地加入了中国共产党，1998 年转为正式党员。2000 年，他选择退伍，后在北京务工。2013 年，张向阳购买了车辆从事运输业务，逐渐过上了富裕的生活。2021 年，他参加了村“两委”选举，成功当选为村党支部书记兼村委会主任。

村“两委”班子成员的团结问题是每个村庄最突出的问题，要让他们全心全意为人民服务、为党开展工作，就要先把他们的思想转变过来。张向阳书记通过每周定期召开一次村“两委”班子会议，鼓励成员进行自我批评，同时宣读党的路线方针政策，使班子成员深刻认识到工作的真正意义在于为人民服务。通过这种方式带动了村领导班子成员的工作热情，使他们能够团结一心，共同为村庄的发展贡献力量。

张向阳深刻认识到，要壮大村集体经济，必须主要依靠村集体自身力量，积极寻求解决方案。他特别关注了村里作为潜在经济发展资源的8 000多亩耕地。2022年2月，张向阳与驻村工作队张金峰书记及村“两委”班子成员、村民代表共同深入田间地头，详细考察了村土地的盐碱情况，并且探讨了如何更有效地进行土地治理。当年7月份，适逢牛进庄乡党委书记吴世玺带领本乡22个村书记去定州考察学习土地托管。在定州，张向阳观察到东湖村自2020年起，对全村2 600余亩土地实施了托管，由集体经济合作社进行整体规划，并且确定以种植药材为主要发展方向。当年，除了为村民提供分红外，村集体还额外增收60余万元，为乡村的基础设施建设，如文化活动广场等的建设提供了资金支持。

3. 通过居间协调推行土地托管壮大集体经济收入

通过外出考察，张向阳书记看到了村庄发展的希望。回村后，他马上召集党员代表和村民代表开会商议，把土地托管的想法在会议上表达出来。党员代表和村民代表充分理解了土地托管的益处，最终一致同意推行土地托管政策。大家最终确定与中化集团建立战略合作伙伴关系进行土地托管。中化集团是大型国有企业，由中化集团对土地进行地力检测，提供优良的种子（衡麦 4499[①]）和化肥。

村民代表大会通过决议后，村“两委”通过村广播站进行政策宣传。村民踊跃报名，当天即有 80 余户村民填报了土地托管协议。在村务监督委员会的监督下，中化集团分别与村民签订了土地托管协议。经过近一个多月的努力，共有 130 余户村民签订了涉及 740 余亩土地的土地托管手续，并将每亩 650 元的土地托管金及时打入村民的账户。乡党委积极协调中国建设银行孟村支行，共筹措资金 100 余万元，用于支付土地托管费用 60 余万元，以及购买种子、化肥和用于人工支出的资金共 40 余万元。

2022 年 10 月 14 日，村里举行了盛大的土地托管及冬小麦播种仪式。经过半个月的努力，740 余亩土地全部种植上了优良品种的冬小麦。由村党支部领办的合作社对流转的土地进行了统一改造，通过增施有机肥，显著提升了土壤肥力；合作社还集中清理了田地排水沟，以减少雨季时雨水对农作物的浸泡时间，从而降低雨水对农作物的损害程度。

4. 联合 18 个村共同成立联合社推进肉羊扩繁项目

在乡政府的大力支持下，该村和全镇其他 17 个村共同成立了肉

---

① “衡麦 4499”是一种小麦品种名称。

羊扩繁联合社。每村出资50万元，争取省扶持壮大村集体经济资金900余万元进行投资建设和购买种苗。通过跨村合作，将各村的合作社进行整合，实现资源的优化配置，以形成合力，推动强者带动弱者、大村帮助小村、富裕村支援贫困村，实现经济繁荣和共同富裕。该合作社于2022年年底完工，投入生产后每村集体经济每年增加50 000元的收入。

为确保肉羊扩繁联合社合理运行，该乡采用“党建+合作社+项目”的模式，由乡党委政府牵头成立乡集体经济管理合作总社，整体谋划实施示范区项目，各行政村成立村级经济合作社，以流转土地作价的方式参股。在乡级合作联社实现盈利后，预留20%作为发展基金，剩余的80%按照乡总社股份比例及各村集体经济合作社股份比例进行分红。乡总社所获得的分红金额将平均分配给18个村集体经济合作社，之后各村集体经济组织将依据各村的实际情况进行二次分配。

5. 注重在土地流转中做好群众的思想工作

村“两委”积极开展广泛的宣传发动工作，旨在让村民充分理解并取得他们的支持。该村“两委”经过共同商议，确定了共计28项改善生活环境的项目，包括新修、翻修农田主干路，以及村内道路、修缮路肩、修建排水管道和进行沟渠清淤等，预算资金总计 250 万元。获批的六条村内道路建设项目，总长度超过 2 000 米，预算资金 30 余万元，现已全部完成建设，惠及了近百户村民。通过更新健身器械，显著提升了村容村貌，丰富了村民的业余生活。村民与村“两委”班子成员共同筹措资金 4 万余元，对村内的沟渠进行了清淤，开挖了 8 000 余米的台田沟，基本解决了农田的排涝问题，从而保障了粮食收成。

参考材料

(1) 东赵河村发展集体经济概况，由东赵河村党支部提供。
(2) 牛进庄乡党委、东赵河村党支部实地调研记录。

五、邀你共议

1. 农村的土地权归谁所有呢？是农民、集体还是国家？农村集体经济组织作为土地所有者，怎么才能把土地经营起来，以获取土地的收益？

2. 农业用地从合作化到人民公社到分田到户，发生了什么变化？这些变化背后的原因是什么？现在的情况又发生了哪些新的变化？

3. 一个村庄要发展现代农业产业，需要什么样的土地条件？土地集中的利弊分别是什么？土地集中之后怎么才能经营好，不亏损？村集体在其中承担了什么角色？

4. 农业用地和建设用地在整合的过程中，是有关系还是没有关系？如果有，是什么？你所在的村子都有哪些建设用地？怎么才能将土地使用得更有效率？

第二章

集体主动推动产业转型升级

一、背景导入

从世界经济发展的历史视角来看，经济发展水平是驱动产业结构演变的核心因素，不同的经济发展阶段对应不同的产业结构模式。产业结构演进阶段论的创始人，德国经济学家李斯特（Liszt）提出了产业结构演变的五阶段论，即原始未开化时期、畜牧时期、农业时期、农工业时期、农工商时期。美国经济学家库兹涅茨（Kuznets）认为产业结构变动会受人均收入的影响，提出“人均收入影响论”。乡村产业的发展与人口的收入密切相关。国家统计局的数据显示，2022年全国居民人均可支配收入为36 883元，其中城镇居民人均可支配收入为49 283元，农村居民人均可支配收入为20 133元。人们生活水平的改善带来了消费需求结构的改变，由最初的消费可供人生存的初级农产品阶段向消费享受资料等工业产品和劳务消费转变，因此对乡村的产业功能需求也随之改变。国家对乡村产业的定位也发生了变化，2019年国务院发布了《关于促进乡村产业振兴的指导意见》，明确了乡村产业是以农业农村资源为依托，以农民为主体，以农村一二三产业融合发展为路径，地域特色鲜明、创新创业活跃、业态类型丰富、利益联结紧密，是提升农业、繁荣农村、富裕农民的产业。2021

年，农业农村部专门印发了《全国乡村产业发展规划（2020—2025年）》，对全国乡村产业发展提出了新的目标和举措。从乡村的视角来看，能够顺应我国经济发展阶段和消费者消费偏好变化，及时转型升级并发展符合新时期人民美好生活向往的乡村产业，将在新消费市场中占据先机，实现乡村产业的振兴。战旗村顺应了我国经济发展阶段的变化，立足村庄资源和区域特色，不断延伸产业链条，丰富产业业态，顺利地实现了村庄产业的转型升级。

二、战旗实践

1965年，战旗村从金星村独立出来，当时叫集凤大队。彼时，战旗村在产业和基础设施方面均处于极度落后的状态，全村仅有3间简陋的猪圈房，村委会甚至使用小学生的课桌作为办公桌且仅有2把椅子，其总资产估值不超过200元，村集体还背负着700元的债务。这个一穷二白的小村子从20世纪50年代一路走来，产业一步一步转型升级，从贫穷落后村到全国文明村，既有国家大环境的印记，又有自己独特的脉络。

（一）从低产农田走向农业高质量发展

集凤大队刚分出来时有300多亩旱地，地面非常不平整，高的地方比低洼的地方高1～2米。田块形状各异，有的呈月牙形，有的为条形，总计大小田块达4 000多块。大的有1亩多，小的只有二三分，给耕作带来了很大的困难。又有近一半田块属于烂漕田、下湿田，处于低洼槽地，地下水浅，许多田面甚至浮有褐红色的锈水膜。烂漕田的水、肥、气、热不协调，农作物长势普遍差，产量低。许多田只能种一季大麦，亩产也只有几百斤。当时流传着一句顺口溜："种田不种蒋家湾，终年排不开；一年种一季，收割找点点。"蒋家湾位于战旗村的一个低洼地带，由于常年积水，农民们收割水稻需要一点点勾起来打，劳作过程极为艰辛。耕地条件差、生产条件落后、产量低就是当时战旗村农业的真实写照。

1. 土地整理和科学技术提升传统农业产量

1969年，全国开展"农业学大寨"。战旗村党支部书记在活动的热潮中，也到大寨学习，他在大寨参观学习后深受感动，决定要学习其自力更生、艰苦奋斗的精神。回到战旗村后，在党支部书记的带领下，全村开展了条田改造的工作。大寨在山坡上建造梯田，战旗村则在平原上开展条田改造，通过平整高地和填平低洼区域来进行。在缺乏现代机械，如挖掘机和推土机的年代，村民们仅凭锄头挖掘、肩挑背扛等方式，完成了这一艰巨的任务。村民们还需要将沟挖深，这样才能把水排出去。当“龙王田”出现洪水泛滥时，村民们只能穿着短裤进行排水工作。村民把沟挖深后，大沟小沟都是端端正正的，这样才把“龙王田”的水排干了，“龙王田”变成了一二级田，一年可以种两季。村集体的条田改造需要提前进行周密的规划，根据作物生长周期中的空闲时间合理安排工作进度。如“大春种了要种小春”，而“两种”之间只有 10 余天的空闲时间，那就需要在 10 天内把田调平，并且不能误农时，这对村民来说是一场“硬仗”。20 世纪 70 年代初，战旗村有 9 个生产队，283 户，但总人数只有 1 194 人，能投入的劳力除去老人和小孩外就只有 560 多人。多数情况下，除了正常的农业生产外，能够抽调的精壮劳动力相对有限，因此，村民们以民兵连的形式组织起来，共同完成了这一艰巨的改造任务。全村用了 7 年的时间艰苦奋斗，一年搞生产，一年搞条田，硬是把 4 000 多块不规则、高低不平的“差田”变成了 2 亩一块，800 来块的条田。战旗村也被评为四川省“农业学大寨”先进单位。条田改造工作的顺利完成，为战旗村后续作物产量的提升奠定了坚实的基础。

经过条田改造，战旗村的耕地质量显著提升，耕地面积有所增加，农业生产的基础条件得到显著改善。1976 年，村集体组织村民共同出资、出力，由书记亲自带领，深挖两条沟渠，修建公路并设立了一个农机站，购置了拖拉机，对拖拉机驾驶人员进行了专业培训。这些举措在条田上便捷地实现了机械化耕作，显著提升了农业生产的机械化水平。同时，村里设立了科研站，开展良种试验、种植密度、水肥管理等方面的试验示范，提升了农业生产的技术水平。至 1966 年，大队粮食总产量达到 120 万斤。与 1966 年相比，1971 年的粮食产量大为提高，之后持续增长，同时农业生产成本下降了 20%，社员收入增加了 29%，集体积累也增长了 48%。到了 1973 年，战旗大队的水稻和小麦单位产量位居全县榜首，成为全县科学种田的示范村，粮食亩产全县第一的纪录保持了八九年的时间，一直到“包产到户”的推行。在村大队的精心规划和全体村民的共同努力下，战旗村的农业生产通过土地整理和农机、农艺的有机结合，成功实现了从“低产田”到“高产田”的转型升级。

2. 养猪业大发展

这一时期，村内养猪业也有了较大的发展。自 1971 年起，养猪规模持续保持在“一人一猪”的水平。随着养猪业的大发展，社员们的投资也逐年增加，1976 年全村总投资金额 46 470 元，其中养猪投资 40 926 元，占总投资的 88.6%，户均 120.2 元。养猪规模在全县范围内位居首位，与种植业形成了良好的种养循环模式，实现了农业生产的可持续发展。

3. 招商进村解决村民就业

2003年，村里的企业经历了股份制改制后再次调整，成功收回420万现金。部分村民提出，希望至少能分得部分资金。在这种情况下，村干部就需要思考村集体的下一步出路，村支书带领团队前往华西村和南街村进行了第二次深入考察和学习。归来后，村集体坚定了土地集中的总体发展思路。2007年，适逢战旗村率先在郫都区实施土地统一流转、村民集中居住举措，引进了榕珍菌业这个现代农业企业，通过集体土地出租的方式，利用战旗村五组的200多亩土地，建设了现代农业基地并购买了相关设备，开展了现代农业生产活动。这一举措解决了村里400人的就业问题，企业还给职工买了社保，这种做法在当时还是全国第一家。榕珍菌业的引进丰富了战旗村农业产业业态，大幅提升了战旗村农业土地的产出率。李宗堂是唐昌镇人，从事食用菌种植30多年，之前采取的是传统栽培的方式，后来改成工厂化生产时，唐昌镇给他介绍了好几个地方，李宗堂也考察了很多地方。据高德敏书记回忆，当时，工厂化生产食用菌需要用到燃气，而战旗村由于村庄集中，当时已经实现了燃气的普及，这使得战旗村在与其他村庄相比时，具有显著优势，这也成了榕珍菌业选择战旗村作为其首个落脚点的原因。

2019年，中延菌业来到战旗村，全资收购了榕珍菌业。中延菌业是我国台湾的企业，共有4个产业公司，其中福州2个、天津1个，成都1个，此外还有1个深加工企业在厦门，在绵阳控股了1个有机肥厂。入驻战旗村的中延菌业企业拥有员工350人，其中90%的员工来自战旗村和金星村。

据企业负责人透露，中延菌业计划对生产设备进行自动化升级，预计升级完成后，劳动力需求将减少至100人，此举将显著降低企业的运营成本。鉴于对村民就业问题的考量，企业主动采取逐步推进的策略，以避免大规模减员对村民生计造成不良影响。中延菌业在考虑降低成本这一重要议题上仍能兼顾村民的利益，与村集体多年来为其提供的全方位的服务密切相关。中延菌业的企业负责人指出，战旗村村委会常常协助企业协调各类事务，帮助企业对接项目，此类服务在其他厂区所在地是不多见的。当企业面临困难时，战旗村村委会迅速响应并妥善处理。如在疫情时期，村委会与政府协调，将中延菌业列为保供企业，因此其没有遭遇停产的情况，极大减少了公司的损失。另外，在2022年限电时，村委会也积极跟电力公司和政府沟通，为企业争取到了更大的供电量。当中延菌业想增加文旅板块时，村书记便带队到外地考察，对接相关项目。在涉及企业用地等关键问题上，中延菌业直接与村集体对接并签订合同，从而避免了他们与村民逐一协商的烦琐流程，降低了合同签署的复杂性和潜在的风险。中延菌业与战旗村 2007 年开始签订协议，合约期 20 年，2027 年到期，到期后续签。在此过程中，村集体、村民和企业之间形成了良好的共赢机制。

4. “妈妈农庄”带动农旅产业的发展

在引进榕珍菌业后，村集体进一步认识到，仅凭收取土地租金无法使集体经济实现持续发展壮大，因此决定探索新的产业业态。战旗村的干部和群众敏锐地捕捉到了乡村旅游的巨大商机和广阔前景，从而萌生了发展乡村旅游的构想。战旗村柏条河边有一片荒滩地，没有办法进行种植，村集体决定将这块闲置的土地利用起来。因此，通过招商引资吸引来“妈妈农庄”农业综合体项目。“妈妈农庄”是一个集休闲、住宿、餐饮、教育培训等多功能于一体的产业基地，同时也是国家 4A 级乡村旅游景区。2012 年起，该景区成功举办了第一届全国薰衣草节并持续举办，最多时一天接待游客达 30 000 人左右。这一举措极大地推动了战旗村文化旅游业的发展。

战旗村在 2016 年开始向教育培训转型，到 2017 年，由于全国乡村旅游景点众多，客户群体在单一地点容易产生消费疲劳，通常在 2～3 次游览后，游过的景点便失去吸引力。因此，“妈妈农庄”的门票收益从最高近 500 万元急剧下滑至 30 多万元，这一收入甚至无法维持整个园区的绿化运营。所以，2017 年村“两委”成员商议，并且多次外出考察学习，将“妈妈农庄”未来定位到农业旅游和教育培训。2018 年，习近平总书记来战旗村考察以后，战旗村红色旅游品牌得到了极大提升，村庄红色旅游品牌又带动了“妈妈农庄”的发展，由此，会议培训、婚庆、红色教育也慢慢发展起来了。

5. 台丽农庄提升农业科技化水平

受 2020 年至 2022 年疫情和农庄设施老旧等多重因素的影响，“妈妈农庄”的收益出现下滑。鉴于此，台丽（四川）农业科技有限公司于 2022 年 4 月正式接手“妈妈农庄”，并且将其更名为台丽农庄。台丽农庄在保留“妈妈农庄”原有的农旅、研学、培训等功能的基础上，新增了科技农业板块。目前，正在进行设施的改造升级，改造后可以增加花卉新品种展示、花卉育苗、花卉组培、花卉基因库、中草药博览园等功能，服务区域覆盖全国多个省份。台丽农庄的科技农业板块建设提升了战旗村现代农业的科技化水平和核心竞争力，为未来进一步丰富农业产业业态奠定了基础。

6. 蔬菜合作社的农地管理与农业产业经营

战旗村于 2009 年注册成立蔬菜专业合作社，其注册手续由村委会出资 50 万元代为办理。为了符合注册规定，村委会将 50 万元转化为 104 个村民平均出资的形式，采取土地入股的方式。当时集中到村集体的土地不足 1 000 亩，之后，全村近 1 800 亩土地都进入合作社的管理范围。2020 年，金星村并入战旗村，战旗村的土地规模增加到 5 400 亩。金星村集体曾仿照战旗村模式，设立了一个管理部分集体土地的专业合作社，在合并后，该合作社逐步划归战旗村蔬菜专业合作社进行统一管理。战旗村合作社的主要职能是对战旗村集体耕地的使用规划和农业产业的全面管理，重点包括农用地承包管理和农业产业管理两项具体职能。

在农用地承包管理上合作社本着村民自愿和符合产业规划的原则，根据村民的意愿分类处理。对已经集中到村集体的耕地，按照市场交易原则，租给种植大户，收取土地租金。少数不想将承包地交给村集体的村民，可照常耕种自己的承包地，不过，这部分村民没有村集体拨发的每年每亩 1 200 元的土地费，也没有土地分红。对于既想拿土地费又想自己种田的村民，合作社就先收取其交来的承包地再根据需求将这块地或者更多的地返租给他。由于合作社承诺所有村民按季度发放土地费，所以返租户必须按期向合作社缴纳土地租金。农民为何选择先将自家承包地交给集体再进行返租呢？从总体经济效益来看，尽管市场上租地的每亩租金与村民从村集体领取的每亩土地费用相近或略高，但考虑合作社对本村村民租地的优惠政策，情况则有不同。合作社的村内市场的土地租金收费要低于外部市场土地租赁价格，种庄稼每亩租金 1 400 元，种树木每亩租金 1 500 元，村内返租每亩按 800～1 000 斤大米计，按当年政府大米指导价计算，1 亩地大概要低于市场价 100～500 元。所以，愿意种地的村民都可以用合作社给予的优惠价格租用土地。另外，中延菌业和台丽农庄两家企业租用的土地主要是全部集中到村集体的农用地，因此租赁合同和租金都由合作社直接管理。

在农业产业管理上合作社重点有两方面的工作。

一是开展由合作社直管的农业生产，即在村里种植大户不喜欢的边角地或在退林还耕整理出来的土地上开展符合村集体农业产业规划的作物种植。为了减少土地非粮化、非农化，合作社在 2020 年就扩大自营面积，对作物进行重新规划，特别是增加了粮食作物的种植面积。现在合作社自种的有水稻有 320 亩、玉米 70 亩，各类蔬菜 12 亩。在具体的生产上，由合作社技术负责人杨建明统筹管理，同时雇用村里以妇女和老人为主的，没有外出务工或到企业就业的劳动力从事农业生产，雇用的劳动力相对固定，由此这些村民也就有了相对稳定的收入。据杨建明介绍，合作社通过实施“菜—粮—菜”轮作模式和精细化的生产管理，使得其负责的土地在扣除所有成本后，每亩能产生约 2 000 元的收益，从而显著提升了农业生产的效益。此外，这些在合作社工作的劳动力，在照顾家庭的同时，也能在合作社参与农业生产，从而获得了一定的收益，使他们的生活质量得到了提高。

二是开展农业社会化服务。近年来，为了进一步提升战旗村农业发展的质量，村集体积极行动，通过申请项目，成功建成了育苗中心和气调库等基础设施，并且计划进一步建设粮食烘干项目。目前，育苗中心已投入生产，蔬菜苗年产量达 6 000 万斤，主要用于合作社自用和订单育苗服务。未来，合作社计划进一步扩大服务规模，提升服务能力。利用原砖厂的建设用地，合作社成功申请并建设了气调库项目，其总容量达 1.1 万立方米，能够为本地及周边地区，如都江堰等地，提供优质的冷藏服务。未来，合作社还打算与计划引进的预制菜生产企业开展深度合作，共同推动农业社会化服务的发展。此外，合作社还为安德农业产业园等农业主体提供农机和技术支持服务，双方正在就合作事宜深入洽谈。合作社通过种苗、冷藏、烘干、农机、种植技术等农业社会化服务，进一步延长了战旗村农业产业链，为战旗村及周边地区的农业高质量发展提供助力。

（二）从乡村工业向乡村特色产业转型

工业上战旗村经历了一条“从无到有、从有到多、从多到少、从少到特”的道路，同样离不开村集体的主动而为。

1. 从开办砖厂到“滚雪球式”兴办村企业

1975 年前后，为了解决当时建民居需要的砖材，村里想了很多办法，得益于县农科所专家搬来制砖机器和西部战区后勤部支援的三台砖机，村里建起了立交窑，开始生产砖材。后来，村里又在横山置换出建设用地，在山地上建起了砖厂。当时，恰逢人们的生活水平逐步提高，大搞建设，所以砖材卖得很好，经常供不应求。此时，村集体观察到工业发展的良好势头，决定进一步推动工业产业的发展，从而开启了战旗村工业产业的蓬勃发展期。砖厂的营收带动了酒厂等其他工厂的发展，进入 20 世纪 80 年代，战旗村先后创办了铸造厂、肥料厂、砖瓦厂、凤冠酒厂等 12 家集体企业。战旗村用集体经济赚到的钱，再发展企业，因此发展一个企业，成功一个企业。在“滚雪球式”兴办村企的过程中，村集体扮演了关键的角色，如同一个转换器，统一调配企业间的资金需求。村委会的干部们将集体事务视为己任，全力以赴地推动企业的发展，因此村里的企业大多能够成功运营，获得良好的经济收益。

2. 乡镇企业体制改革试点下的率先改革

20 世纪 90 年代，全国乡、村、社都在兴办企业，当时乡镇企业像雨后春笋一般涌现，甚至提出“船小好调头”的口号，大量办企业，经营不善的及时转换。但没有想到是，大环境发生了转变，过去的卖方市场变成了买方市场。由于产量过剩，很多企业倒闭了。当时国家希望企业强强联合，逐步把小企业变成大企业，经营不善的小企业逐步关停并转。此时，一些小企业没有迎来强强联合的契机，淹没在时代的洪流中。此时，国家推出了乡镇企业股份制政策，并且采取先试点后推开的做法，郫都区是全国企业改制的试点区，战旗村又被郫都区列为企业改制的试点村。由于战旗村是首批改制的村，处于全国还没有成熟经验的阶段。1994 年，战旗村开始试点企业改制，具体的做法是把村里 12 家企业当中效益比较好的 5 家企业集中起来成立了股份合作制公司，即成都集凤实业总公司。因为是股份合作制，股权只能在企业内部流转，将股权的 30%作为企业发展股，股权的 20%量化给个人（其中 3%～4%给厂长），股权的 50%量化给村集体。企业改制 2～3 年后，有的企业的产值翻番了，因而当时部分厂长就不愿意了，他们认为企业资产的增长是自己经营的结果，私人化的意向越来越强烈。由此突显了股份制管理部分不合理之处，容易导致国有资产、集体资产的流失。个人管理者是企业有营收就参与分红，没有营收就不参与分红，如有的企业 2 年都没有分红，导致村民有意见了，可见企业的处境非常困难。这种情况在当时并不少见，有部分企业没能扛过困难，垮了。战旗村村委会认为必须保住村民几十年来积累的资产，不能将村企业搞垮了，一旦企业垮了，村里的 300 多人也就失业了。

当时，村“两委”认识到改变现状的策略主要有两个：一是严格按照股份制企业的管理要求执行，这需要具备专业知识的管理人员来实施。要实现上述目标，要么转变管理思路，但鉴于当时厂长们的实际情况，这一方案难以实现；要么更换管理人员，这同样不可行，因为当时的厂长们是经过辛勤努力才取得现在的位置的。因此，无论是转变管理思路还是更换管理人员，都不可行，股份制改革在当时的战旗村并不符合实际情况。二是将股份制企业重新转变为集体所有制，以更好地发挥党支部在村级经济中的领导作用。经过村支部书记向镇领导的汇报和沟通，尽管镇领导认为这一做法有回溯之嫌，但其最终说服了镇领导并获得了支持，镇领导表明可以由村集体自主实施。2002—2004 年，村集体把个人股买回，重新改回集体所有。具体措施包括：第一步，对每家企业进行清产核资，摸清家底，把原有 12 家企业关停并转，变成 5 个比较大的企业。第二步，给予所有经营者，也就是厂长们优厚的待遇。例如，有 10 万元奖励额度，厂长能直接影响、带动厂子经营情况的，多给予一点奖励，副厂长等其他人按情况处理。同时，有的给奖励，有的不给奖励，因为村里的资金也是有限的。慢慢地，厂子不需要厂长来经营了，也就削弱了厂长们与厂子的强关联性。第三步，向经营者公开招标，拍卖企业的流动资产。原则上，无论是谁，原来的厂长也好，外来的经营者也好，只要有钱买企业的流动资产，就可以在支付年租金后，获得企业的经营权。这就相当于把企业的固定资产和无形资产租赁给经营者了。第四步，村集体把流动资产拍卖后，获得了420万元的收益。企业如果想要贷款，村里可以把这笔钱以10%的年利率，拆借给企业使用。

村集体这么做有几个好处：一是原来这420万元相当于分散给企业自行支配，村集体一年能获得28万元的利润分配。经过一系列变革，把企业经营性资产租给经营者，村集体收回的租金是32.5万元，增加了4万多元的收益。二是在这420万元的收入中，村里留下了一部分，拿出300万元贷款给企业，一年利息收入还有30万元。这样，总计的收益是62万元，大大超过原来的28万元。三是这样做不仅保全了企业，而且避免了因企业倒闭带来的职工失业问题。这一过程，充分体现了战旗村村集体的自主性，成功地守护了集体资产，为村里的集体经济发展积累了资金。

3. 水源保护地政策下企业的关停

2014年，战旗村被列为水源保护区后，根据水源地保护政策，已有的“散、乱、污”企业需要腾退出去。战旗村在履行水源地保护政策时，给需要腾退的企业留足了退出的时间。如战旗乡村振兴学院的前身是一个铸造厂，当时员工170多人，每年税收近300万元。但是工厂生产带来的污染大，也不符合水源保护的政策，居住在该厂附近的村民采取投诉的方式表达自己的不满，甚至投诉到市里。村委会因此动员铸造厂撤出，给予其一定的时间压缩产量、裁减员工。铸造厂花了三年的时间，腾退到眉山的青神县，矛盾逐步得以消解，工厂效益、村民就业也没有受到较大影响。经过一段时间的调整、优化，村里只保留了契合了乡村特色产业的范畴、有比较优势的农产品加工业，如调味品加工、食品加工等。

4. 乡村十八坊带动传统手工业与旅游业的融合发展

为应对水源保护政策带来的变化，腾退了污染企业后，战旗村又主动迎来了又一次产业转型。2009 年，村支书（兼任村委会主任）到山西皇城村参加村主任大会时，看到皇城村旅游搞得很好，就带村“两委”班子成员实地考察。他们考察后提出了“大力发展三产，努力提高二产，一二三产互动发展”的发展思路。

随后，村里开始筹建自营的乡村十八坊项目，该项目于 2018 年基本建成，在 2020 年下半年完成了三期的修建工作。在整个建设过程中，乡村十八坊项目注重将传统手工业与旅游业相融合，以提升乡村经济的活力和吸引力。这种融合不仅表现在空间布局上，而且还表现在商业运营模式、产品设计和服务体验等方面。

其一，在乡村十八坊的规划中，将传统手工业作坊与旅游景点紧密结合。作坊作为乡村产业园区的核心，成为吸引游客的重要景点之一。每个作坊都以传统手工艺为基础，如酱油坊、豆瓣坊、豆腐乳和醪糟坊等，通过展示工艺过程和提供亲身体验的机会，让游客深入了解传统手工业的精髓。同时，游客还可以通过购买这些作坊生产出来的特色产品，进一步推动传统手工业的发展。

其二，乡村十八坊通过丰富的旅游服务和体验活动，将传统手工业与旅游业结合，为游客提供全方位的文化体验。乡村十八坊通过举办各类传统手工艺展览和文化活动，使游客更加深入地了解和体验乡村传统文化。

乡村十八坊项目的实施，为传统手工业注入了新的发展动力。通过与旅游业的融合，传统手工业得到了更广泛的传播和推广，提升了乡村十八坊内产品的知名度和市场竞争力。同时，传统手工业的发展也进一步带动了乡村旅游业的繁荣，吸引了更多的游客前来参观和体验，为乡村经济增加了新的收入来源。

然而，乡村十八坊项目的开展也面临了一些挑战。乡村十八坊中所有的作坊都办理了作坊牌照，产品只能在现场和成都区域销售，无法进入别的地区的线下超市或通过电商平台售卖。作坊模式可以实现村里传统手工业产品的推广和销售，但是对于部分可以实现远距离市场化销售的商品来说带来了一定的限制。如酒厂生产的酒需要办理 SC 生产许可证才允许进行全国销售。但是，企业在园区外办理 SC 许可证较为困难，从而影响了酒厂的正常生产和销售。为解决这一问题，需要相关部门加大政策支持和服务力度，为传统手工业的发展提供更友好的营商环境和条件，战旗村自身也在努力寻求问题的解决之道。

综上所述，乡村十八坊项目是村集体自营、自建、自管的一个乡村版微型产业园，经营产业包含酱油、豆瓣、醪糟、豆腐乳、酒、辣椒粉、香油、芝麻酱、唐昌土板鸭、布鞋等。村民在这个自建的创业平台中创业增收，通过传统手工业与旅游业的融合发展，为战旗村的乡村振兴和集体经济发展注入了新的活力。同时，战旗村通过规划作坊景点、创新商业模式和丰富旅游服务，传统手工业得到有效推广和传承，成为村集体名下的长远产业。

（三）新型服务业发展构建村庄网状经济格局

战旗村的农业产业和工业产业在不断转型中升级到了与特色文旅产业相结合的阶段，村里与文旅产业相关的新型服务业相应而起，整个战旗村呈相互交织的网状经济格局。

1. 餐饮住宿服务

壹里老街建设是战旗村住宿服务业发展的重要举措之一。自2019年10月开始，战旗村村委会与村民合作，共同投资约700万元，通过村集体出资和村民将闲置房屋出租给村集体的方式，推动壹里老街的建设。这项建设预估总投资约500多万元，实际投入超过了700万元。其中，政府补贴84万元，另外还获得约10万元的人居环境整治补贴。村里大部分投资来自农业银行乡村振兴项目的贷款，如乡村十八坊项目和村庄的基础设施建设等。

壹里老街由10户组成，其中6户与村委会签订了合同，将房屋交由村委会统一规划和管理，村委会每年支付7万～8万元的租金给租户。剩下的4户则由村民自行建设和招商引资，若遇困难，村委会为其提供协助。为了进一步完善壹里老街的发展，2022年年末开始了工程的动工（共三期），其中包括泥水匠和木匠等专业工种的参与，工作进展由村监事会主席负责记录，酬劳打入各自账户。此外，壹里老街项目还得到成都市商务局的监督，并且以村委会的名义申请了70万元的项目补贴。2021年，壹里老街正式开街，通过成都市商务局、成都市财务局和第三方公司的验收，其获得了额外20万元的补贴。与此同时，郫都区商务局也给予村资产管理公司14万元的补贴。

壹里老街的建设为战旗村住宿服务业的发展提供了重要的支持。通过开发和利用村里闲置的房屋资源，成功打造了具有特色的住宿场所，为游客提供了舒适和独特的居住体验。游客可以选择在壹里老街的民宿、乡村别墅和农家乐等场所入住，感受乡村的宁静与美丽。壹里老街周边的天府战旗酒店的建设也进一步丰富了村里住宿场所的选择，为游客提供了更多的便利。

战旗村的住宿服务业不仅依赖壹里老街的发展，而且也与村庄的研学培训产业相互促进。研学培训吸引了许多学生和家长到访战旗村，他们对住宿的需求推动了战旗村住宿业的发展。为了配套住宿服务业的发展，战旗村还积极发展餐饮和零售业，提供丰富多样的美食和纪念品供游客选择。

未来，战旗村将继续致力于住宿服务业的发展，进一步改善和扩大壹里老街的规模和设施，以提供更多样化、高品质的住宿选择。村委会将继续与村民合作，促进村民参与住宿服务业的经营和管理，使其成为战旗村经济增长的重要支柱之一。同时，战旗村也将继续挖掘和发展研学培训产业，吸引更多的来访者，为他们呈现更多惊喜和精彩，打造一个充满活力和魅力的乡村住宿胜地。

2. 研学培训产业

战旗村的研学培训产业是该村在推动乡村振兴、促进经济发展和提升村民生活质量方面的重要举措之一。其中最主要的培训主体为战旗乡村振兴培训学院（以下简称学院），该学院于 2018 年建成，旨在打造最接地气、最具特色的乡村振兴人才实训教育典范。学院以“党委领导、政府支持、市场运作、资源整合”的原则为指导，委托专业机构进行运营管理，发挥人才培养、智库咨询、实践指导和创新孵化的作用。学院由成都蜀源战旗企业管理有限公司担任投资办学主体，村集体土地入股，总占地 28 亩，集展览展示、教学科研、学术交流等功能于一体，拥有可同时容纳 2 000 人培训的场地。学院主要是承担郫都区乡村振兴培训、组织、咨询的任务，郫都区很多重要的会议也在此召开。新冠疫情期间，学院积极开展线上教学产品的研发工作，积极打造线上与线下相结合的培训模式。截至 2023 年 2 月，学院累计承办各类培训班 591 期，参与人数达 6 万余人次。2020 年，战旗村成功地争取到地方国企的加盟，建成了农耕博物馆，由此农业与文博相融了。

此外，村民个人还成立了战旗云科技教育有限公司，积极参与研学培训产业的发展。该公司于 2021 年成立，主要承接会务、培训和拓展业务。如其在成都组建了一个拓展团建联盟，旨在整合、利用村里的资源，并且将营业收入的 8%～15%回馈给村集体。这种资源整合的方式使村民能够更好地利用自身的闲置资源，为研学活动提供场地和设施支持。同时，该公司还借鉴了“妈妈农庄”的经验，通过产品绑定销售的模式，将研学活动与当地加工厂的参观体验相结合，为研学团队提供更加多元的学习和体验机会。

目前，战旗村的整体定位是集会议、拓展、培训、红色旅游和研学为一体的产业，计划将自身打造成为拓展公司的上游平台公司，并且已与347位客户建立了合作关系。此外，战旗村还荣获全国青少年研学基地的认证，这对当地研学教育的发展起到了推动作用。

战旗村研学培训产业的发展不仅为当地村民开辟了新的经济收入来源，而且为乡村振兴注入了新的活力。通过整合资源、创新经营模式和与相关机构的合作，战旗村的研学培训产业不断壮大，为乡村经济的发展和社会进步做出了贡献。未来，战旗村可以进一步加强与学校、企业和旅游机构的合作，提升研学培训产业的质量和影响力。同时，通过不断创新和完善管理机制，进一步提升产业的盈利能力和可持续发展能力，实现长远发展的目标。

3. 生产性服务

战旗村的生产性服务除了前文提到的由合作社组织开展的育苗、冷藏、烘干等生产性服务外，还有一个重要的模式是生产服务队模式。战旗村和周边地区的技术能手们组成了一支专业服务队，在村里和周边区域开展各类技术服务。如“妈妈农庄”开始运营的前几年雇用了很多固定的工作人员，成本太高了，发展到现在只留下了一些管理人员，当需要厨师、服务员等就找专业的服务队，一个电话就能获得非常专业的服务，大大降低了运营成本。村里的种植大户也经常与专业服务队打交道。如种植大户龚先生承包了20多亩地，专门用来种植蔬菜，这20多亩地的主要管理者就是他一家3口，当需要覆膜、施肥、收菜等服务时，同样找村里专业的服务队，快捷且成本低。这种生产性服务队模式使得家庭农场、种植大户大大降低了经营成本和风险，也扩大了他们所管理的产业的规模，提高了生产效益。据龚先生介绍，其种植的蔬菜，多年以来平均每亩每年能获得5 000元的收益。生产性服务业的兴起丰富了战旗村的现代化服务业态，促使产业之间的利益联结更为紧密。

4. 品牌营销服务

从产业的微笑曲线来看，品牌营销是附加值最高的业态之一，通过品牌营销能够带动整个产业链产品附加值的提升。2022年，战旗村意识到整体品牌营销的重要性，组织成立了由郫县唐昌镇战旗资产管理有限公司、台丽（四川）农业科技有限公司、四川先锋生态园调味品有限公司、四川浪大爷食品有限公司、成都市富友绿色调味品有限公司、成都高乐印务包装有限公司、战旗云科技（成都）有限公司等七个股东组成的四川战旗村企业管理集团有限公司。该公司建设了电子商务平台，重点开展电子商务营销服务和战旗村品牌（2013年村里就注册了战旗村品牌）提升服务。此公司将本村的各类食品统一用战旗村品牌对外销售，他们招聘了近30位以本村大学生为主体的电商销售员，通过互联网对外销售打开市场，成立数月就看到了不俗的经营成效，这刷新了战旗村人的原有认知，原来年轻人与新科技结盟，真的可以大展身手，一定程度上打破了传统流通服务业的低迷氛围。在战旗村的未来计划中，除本村产品外，还要辐射带动周边其他高质量农产品的营销，拓宽服务范围。

专栏6

“微笑曲线”理论

我国台湾宏碁集团创办人施振荣先生于1992年提出了著名的“微笑曲线”理论。“微笑曲线”是一条微笑嘴型的曲线，两端朝上，将其运用到产业链中，附加值更多体现在两端，左边是研发设计，右边是品牌营销，处于中间环节的制造附加值最低。“微笑曲线”揭示了技术对提高产品附加值的重要意义。除了制造业外，“微笑曲线”在其他行业也普遍存在，农业领域也不例外。在农业产业价值链（如图2-1所示）中，农业研发设计和品牌营销附加值最高，农产品加工次之，相对来说传统的种植业和养殖业利润空间最小。农业产业升级需要不断提升“微笑曲线”的低端，同时通过现代科技、装备，以及现代管理方法的融入，逐渐延伸至“微笑曲线”的高端。

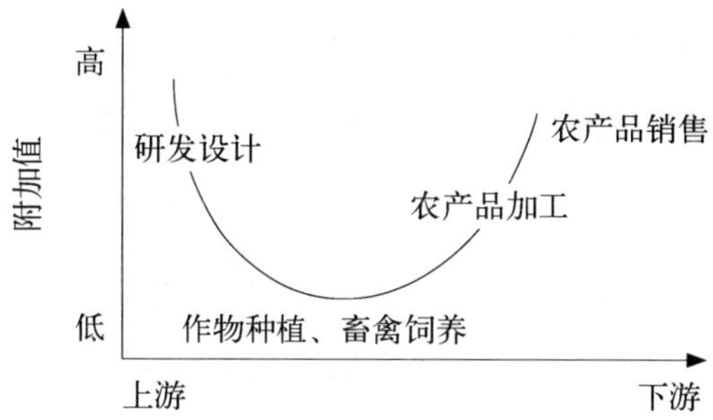

图 2-1 农业产业价值链中的“微笑曲线”

（资料来源：樊慧玲，2014）

三、我们的评述

产业兴旺是乡村振兴的重点，是解决农村问题的前提，我国乡村振兴战略的提出为广大乡村产业的优化升级提供了机遇。近年来，围绕乡村产业振兴，国家出台了一系列的政策文件。《国务院关于促进乡村产业振兴的指导意见》中提出，培育壮大乡村产业包括：做强现代种养业、做精乡土特色产业、提升农产品加工流通业、优化乡村休闲旅游业、培育乡村新型服务业、发展乡村信息产业。《全国乡村产业发展规划（2020—2025 年）》明确了“十四五”期间农产品加工业持续壮大、乡村特色产业深度拓展、乡村休闲旅游业优化升级、乡村新型服务业类型丰富、农村创新创业更加活跃的发展目标。如何在乡村振兴的时代背景下，通过产业的转型升级摆脱农业处于价值链最低端的现状，将更多的效益留在农村，是所有乡村产业发展战略的重中之重。

（一）产业逐步转型升级为乡村特色产业

战旗村经过前瞻性的产业规划和统一的产业转型方向逐步构建了一二三产融合的产业结构，战旗村的产业转型正好契合了新时代消费升级需求和国家政策导向。

一是基于农田整理和生产性服务业做强现代种植业。战旗村早在1968 年就通过“农业学大寨”活动，以“沟端路直树成行，条田机耕新农庄”为原则，将全村的土地通过土地整理每两亩地划分成一块田，建设成为标准化农田，为机械化、规模化经营打下基础。而后，通过农机站和科研站提高农业种植的机械化率，优化种植技术，提高粮食产量。2007 年，又专门成立了蔬菜合作社，经过十多年的发展，在进行土地规模化流转和经营的同时，又为村内外农业种植提供技术、育苗、冷链仓储、销售等农业生产性服务，助力做强现代种植业。2023 年，在沙西线两侧集中腾退苗木用地，积极参与唐昌镇粮食现代农业产业园建设，提高粮食安全保障能力。

二是基于区域特色和市场需求提升农产品加工流通业。在社队企业和乡镇企业大发展时期，最多的时候战旗村有机砖厂、酒厂、酿造厂、化肥厂、预制构件厂、包装厂、面粉厂、树脂装饰厂等大小 15 个村办企业。后来在“绿水青山就是金山银山”的理念下，为顺应水源保护政策和消费者消费需求的变化，同时受乡镇企业整体发展环境的影响，一些污染的、没有比较优势的工厂相继清退或倒闭，留下的全部为基于郫都区整体产业品牌特色的调味品、食品加工类企业。目前，战旗村还在规划建设另外两个农产品加工项目，一个是抓住预制菜大热的市场契机，与北京的农业企业合作，建设预制菜加工工厂，丰富本村食品加工业态；另一个是响应国家保障粮食安全战略，建设粮食烘干中心，提升本村及附近区域的粮食初加工水平。总体来说，战旗村在多任村党支部书记的带领下，经过不断的产业转型升级，已经从无序的工业产品加工转型为基于本地资源特色的，以调味品、食品、粮食等为主的农产品加工业。

2022—2023 年，战旗村还建设完成了农产品冷链仓储物流中心，占地 4 300 多平方米，气调库库容 1.1 万立方米，能够为本村及周边区域提供冷链仓储和物流服务，提升区域内农产品的市场竞争力。

三是“无中生有”，优化乡村休闲旅游业。正如第一章介绍的那样，战旗村并没有独特的景观和历史文化，战旗村的休闲旅游业用“无中生有”来形容一点也不为过。2009 年，村班子成员去山西省皇城村参观，回来后提出了一二三产业互动，发展特色主题农业观光旅游业的发展理念，在此之前战旗村主要就是一产和二产，三产没有任何基础。在提出发展一二三产业融合的思路后，战旗村首先考虑改善村民的生产生活条件，再逐步形成第三产业发展的条件，这个思路是非常正确的。因为，对村庄来说发展农业旅游一定要在农业基础良好且有序的基础上去做，否则本末倒置就难以成功。2010 年，战旗村引进“妈妈农庄”项目，通过 2012 年的薰衣草节打响了战旗村农业特色旅游的第一炮。2015—2018 年，村里又通过集体经营性建设用地入市，一方面通过土地出让引进了第五香境文旅综合体项目，吸引全国连锁斯威登酒店入驻经营，底楼铺面主要经营特色餐饮、美食、旅游纪念品等；另一方面通过集体经营性建设用地入市获得的资金，与村里一二产业的基础相链接，以传统农产品加工技艺体验为核心，建设了乡村十八坊项目，吸引村内外的手艺人到坊内就业。这两个项目的开展大幅提升了战旗村文化旅游的吸引力和服务能力，成为战旗国家 4A 级景区的核心承载。近几年，战旗又先后建成了天府战旗酒店、壹里老街、农耕博物馆、初心馆、露营基地等项目，丰富了战旗村的乡村旅游业态。经过十几年的建设，战旗村的乡村旅游业得到了质的发展，先后被评为中国旅游特色村和国家 4A 级景区，成为区域内小有名气的旅游打卡点。

值得一提的是，战旗村在旅游业发展之初就非常重视规范化管理，2013 年成立了成都集凤商务服务有限公司，主要经营范围为旅游管理服务、会议服务，兼营物业管理服务、园林绿化工程设计与维护。2015 年，成立了成都战旗生态旅游开发有限公司，主营业务包括研学、教育、会务、接待、儿童培训等。通过公司化的运营和管理乡村旅游产业，避免了服务不专业、价格不透明等各类乡村旅游中常常会遇到的问题。

四是培育乡村新型服务业。首先，在生产性服务业上，战旗村蔬菜合作社不断发展壮大，逐步提高了土地管理、育苗服务、统防统治等农业生产性服务的能力，规划中的粮食烘干中心建成后能进一步提升粮食烘干与收储的服务能力。个人自发组成的专业技术服务队也是生产性服务业重要的服务主体。其次，在农村生活性服务业上，第五香境商业综合体一楼的商铺和战旗村整齐的村主干道两侧各种批发零售、餐饮、住宿、幼儿园、老年服务中心等生活性服务业态非常多元，村民的生活便利程度很高。特别是 2019 年战旗乡村振兴培训学院成立后，可以提供与乡村振兴相关的培训、组织、咨询等服务，经过几年的运营，举办了全国乡村旅游（民宿）工作现场会、四川省“四好农村路”建设专题培训会、新时代村庄与集体经济转型高级研修班、四川省社会生态农业CSA产销合作社交流会、乡村振兴与乡村治理现代化高级研修班暨全国村党支部书记乡村振兴工作研讨会等多场重要培训，在全国取得了一定的知名度，显著提升了战旗村的教育、研学服务水平。

五是发展乡村信息产业。我国是农产品生产大国，传统的农产品商务信息的传播途径和方式相对落后，直接导致农产品销路不畅，在市场上缺乏竞争力。发展农村电子商务渠道不仅有利于商品信息的快速传播，而且还会改变城乡二元经济结构，打破地域经济发展不均衡，提高农产品市场竞争力，为农民收入的增长创造条件。战旗村正是看到了电子商务在提升农产品竞争力和附加值方面的潜力，于2022年成立了四川战旗村企业管理集团有限公司，7家农产品加工企业入股，重点开展战旗农产品电子商务服务，同时开展战旗农产品品牌打造，整体提升战旗农产品的核心竞争力。

（二）立足村庄整体发展产业

乡村不只存在着经济维度的产业问题，而应从社会、政治、文化、生态等立体维度看到农民、农村、农业的整体性存在。乡村资源的利用从来不应单从产业本身看，2017 年 10 月，党的十九大首次将农业现代化与农村现代化连在了一起，提出了“加快推进农业农村现代化”，之后国家乡村振兴的各类政策文件中农业农村现代化的一体设计、一并推进被多次提出和高度重视。重视村庄的集体性、整体性发展也是战旗村一直秉承的重要发展原则，高德敏书记多次提到要把村庄当作家庭来经营。

一是在产业布局中充分考虑村民就业。如在引进榕珍菌业（中延菌业）项目时，能够解决大量的村民就业是引进的重要考量指标，目前中延菌业共有 260 名员工，其中战旗村村民就有 150 人。又如，存在污染问题的企业因违背水源地保护政策而被要求关停后，有一二百个该企业职工存在重新就业的问题，村里规划给他们提供分流就业的机会，如建设乡村十八坊、第五香境等项目，重点解决这部分村民的再就业问题。

二是集体经济收益分配中充分考虑村庄建设与村民福利。战旗村集体经济收益的分配方案是净收益提取 50％公积金、30％公益金、20％货币分配到每个股东（集体经济组织成员）。每位村民除了分红外还能享受村集体给予的福利，如社区居民免费享受村集体统一为每位村民购买的农村医疗保险，年满 60 岁的村民享受 50 元/月的养老福利，每个季度村里还面向 60 岁以上的老人发放慰问金，儿童发放 60 元的入托补助。战旗村在村庄治理过程中强调必须让村民享受和城里人一样的生活。因此，在集中居住点改造之前，更多考虑了配套设施，包括幼儿园、超市、便民服务中心、卫生站等功能设施，占地 2 000 多平方米，后来又进行了 1 200 余平方米设施的环境绿化工作。为提升出行品质，考虑未来私家车辆数量增加的趋势，战旗村对道路进行了硬化、划分行车标志线 6 000 米，主干道安设了路灯和交通信号灯。此外，村民可以使用光纤，并使用自来水、天然气等清洁能源。

战旗村历届村“两委”班子成员通过不断到发展得更好的乡村学习，深入地学习领会各级政府政策文件，敏锐地抓住了我国经济发展的阶段变化，及时调整产业发展方向、优化产业结构，因此才实现了如今战旗村的产业振兴。高德敏书记说，下一阶段战旗村将继续沿着一二三产业融合发展的原则，以“粮为本、全面发展、多种经营”为产业发展思路，在响应国家粮食安全战略号召的同时，多点开花，全面发展乡村特色产业，相信战旗村在村集体主体性决策下将会实现产业的持续振兴。

四、同类做法

(一) 袁家村集体主动性的产业转型升级之路

袁家村位于陕西省咸阳市礼泉县烟霞镇。2007 年以来，袁家村从当地居民仅 62 户，286 口人，占地 10 000 多亩的普通关中农村，发展成为常住居民 3 600 多人，能容纳周边 10 多个自然村在内的 10 000 多人在此工作生活的大袁家村社区。其荣获了中国十大魅力乡村、国家 4A 级旅游景区、关中古镇等诸多荣誉。袁家村在一无地理交通优势、二无资源文化优势的条件下，奇迹般地从无到有，硬是在“人往城里走”“钱往城里流”的市场化城镇化大潮中闯出了一条属于自己的“袁家村道路”，形成了“袁家村模式”，其发展道路和经验总结起来就是袁家村集体主动性产业转型升级，走出了一条从传统村落到乡村特色产业发展的道路。以袁家村集体组织振兴统领乡村产业全面振兴。

1. 基本做法

(1) 从“农业学大寨”到进城出省走出去战略：成为时代浪尖上

的弄潮儿

20世纪70年代，袁家村还是远近闻名的“烂杆村”。全村37户，绝大部分住在低洼潮湿的地坑窖里。1970年，在第36任党支部书记郭裕禄的带领下，全村挖坡填沟、平整土地，打井积肥，集体统一进行农业基础设施建设，为村庄的粮食高产打下了坚实的基础。20世纪80年代初到90年代中期，袁家村依靠九嵕山丰富的矿山资源，“靠山吃山”，烧制砖瓦、打石灰窑，先后办起了砖瓦厂、水泥厂等一大批村办企业，到1995年前后逐步发展成为集建筑、运输、餐饮、房地产开发、影视等于一体的农工商综合化经营的集团公司。

2000年，受国内外宏观经济环境的影响，袁家村在新任村支部书记郭占武的带领下，果断转型调整发展方向，投资关中民俗文化旅游，袁家村村“两委”干部带头，群众紧跟，瞄准消费转型，对标城乡居民对传统乡村民俗、餐饮、旅游的旺盛需求，率先开辟出融各种关中小吃、面油加工、销售、餐饮、住宿于一体的新产业形态。袁家村逐步发展成为城乡要素资源深度融合、年接待游客600万，营业收入近6亿的美丽特色小镇和村企合一的企业集团。2016年以后，袁家村集体资本突破区域界限，对外输出袁家村的经验和做法，以品牌价值形式和域外主体进行合作。青海海东的“河湟印象”、山西忻州古城“五台山下的自在生活”、河南郑州“同盟古镇”、湖北十堰“郧阳印象”都打响了袁家村的品牌，成为由当地人自己经营、有当地文化和饮食特色的美丽乡村。

(2) 以三产带二产，二产促一产，形成一二三产融合发展的闭环产业生态圈

袁家村的产业形态是一二三产融合的，是以农元素为核心的，集农业体验、农业教育、农业休闲旅游于一体的城乡融合的产业形态。处于产业链和价值链中高端的输出袁家村品牌，输出袁家村乡村旅游建设标准的阶段。在生产端，袁家村早已没有了传统的农业种养，小吃街所有商户需要的原料一部分来自袁家村本地自产自销，面粉和辣子的种植基地在渭南和兴平，豆类、粮食谷物种植基地在外地。面、醋、粉条、豆腐、油等加工及销售在袁家村，销量最大的酸奶只保留了一部分生产能力，大部分生产基地在邻近泾阳县的工业园区。袁家村以乡村餐饮、旅游、度假、休闲、娱乐等第三产业发展带动对农副产品加工和销售等二产业的发展，同时第二产业的发展又产生了对优质农副产品原材料的需求，从而带动了一产业的发展。

(3) 构建了以个人股权为基础，集体股权为保证、市场股权为补充的集体经济性质的股份合作制企业

产业发展需要配套的组织形式。袁家村构建了产权清晰、激励与

约束相容、高效率的村社合一的股份合作制集体经济组织（如图 2-2 所示）。袁家村集体经济组织实行“村‘两委’+集团公司”村企合一的职能结构。按照全民参与、入股自愿、钱少先入、钱多少入、照顾小户、限制大户、风险共担、收益共享的原则由全体村民入股组建而成。这一模式既充分发挥个人独立经营、自主决策的积极性，又发挥集体统一规划设计、统一项目筛选、统一利润分配的统筹协调作用，形成个体经营与集体经营相互促进协调发展的“1+1>2”的效应。

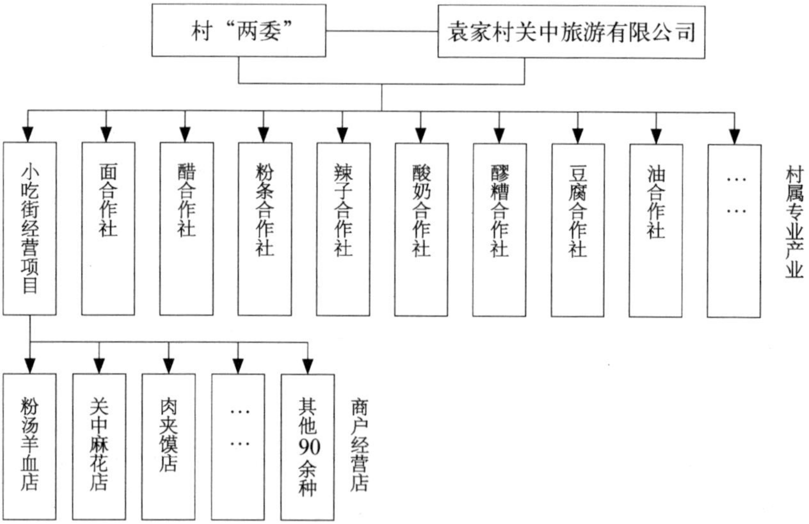

图 2-2 袁家村新型集体经济组织

从最初的豆腐小吃、油泼辣子等各种关中小吃，到如今酸奶、面、粉条、醪糟、油等产业众多的袁家村支柱产业，都以合作社的形式采用集体统一经营和商户独立经营相结合的方式。集体（小吃街合作社）由袁家村本村村民和商户3 000多人共同出资近3 000万元组建而成；90多种小吃由90多个商户独立经营，商户独立承担日常水电、原料供应，少量雇工成本，但是所有经营利润统一上交集体，由集体行使调剂，平衡经营项目盈亏的收益分配权。集体的利润在扣除社区保洁等日常管理费用，每个商户2人的基本工资之后的差额进行统一分配。分配的原则是平衡所有经营项目的盈亏，以达到社区经营项目的平均利润，利润少的由集体给予补贴。袁家村经营项目情况如表2-1所示。

表2-1 袁家村经营项目（合作社）情况

合作社名称	股东数量	总股本（万元）	成立情况与经营范围
面合作社	40	101	最高入股40万，最低入股5 000元。主要从事面粉加工、销售
醋合作社	108	345	2015年村里出让200万股，从咸阳吸引开醋厂的老板，和村集体共同开发。主要从事醋加工、销售
粉条合作社	53	190	2012年成立，和油合作社同一个老板（马秋凤，泾阳人）。主要从事粉条加工、销售、餐饮
辣子合作社	164	400	前店后厂。主要从事辣子加工、销售

续 表

合作社名称	股东数量	总股本（万元）	成立情况与经营范围
酸奶合作社	140	331	前店后厂。酸奶制作、销售。因需求量大，输出袁家村品牌，在泾阳县云阳镇另有生产和加工基地。公司名为陕西省礼泉五谷丰裕有限公司和旅游公司，村委会是“一套人马”
豆腐合作社	96	230	2007年开始经营，最初引进周边手艺人，原料由村集体统一供应。2012年成立合作社并搬到作坊街。主要从事豆腐加工、销售
油合作社	33	200	2007年开始经营，2012年成立合作社，2014年搬到作坊街，原址康庄老街老油坊作展示用。主要从事油加工、销售

2. 启示：

袁家村集体主动的产业转型升级之路，通过袁家村新型集体经济组织形式创新和组织振兴率先实现了乡村振兴所要求的“产业兴、村庄美、农民富”的历史最高阶段。以变革和完善农村生产关系和上层建筑促进了农村生产力的大发展，对乡村振兴实践探索和政策制定具有重要的启示意义：其一，迫切需要一支有效实现乡村生产要素新组合的企业家队伍；其二，创新新型集体经济组织的实现形式，利用市场化利益激励机制将土地、资金、人才等乡村资源要素重新组织起来；其三，以农民合作社为组织创新载体，发展综合型农民合作社组织。

参考资料

魏丽莉. 探寻乡村振兴的“袁家村力量”［M］//杨团. 综合农协 中国“三农”改革的突破口：2019—2020卷. 北京：中国社会科学出版社，2020。

(二) 仪陇县养牛业的发展：本地公益协会推动产业转型

仪陇县是四川省东北部以种养业为主的农业大县，也曾是农民外出务工的大县。全县120万人口，其中农业人口90多万，地域辽阔，人口众多。地形以低山丘陵为主，非耕地面积远大于耕地面积，人均耕地仅0.68亩。2020年以前，仪陇县是国家级贫困县，一直靠国家财政供给，脱贫后县财政仍需国家的大力支持。

仪陇县有个1996年正式注册登记的县级乡村发展协会（简称仪陇协会），曾是我国政府与联合国开发计划署（UNDP）合作的“农村综合扶贫与可持续发展项目”的执行机构，主营贫困户小额贷款业务。2001年后，仪陇协会成为独立运作、自负盈亏的慈善公益类社团组织，在农村第一线开展大量扶贫与新型农业生产者主体孵化培育工作。其中，特别突出的是其对本地养牛产业发展的推动。

仪陇县的地形地理条件天然适合畜牧业发展。养猪曾是主要的畜牧产业，转型前养牛以传统耕牛为主，没有形成产业。经过对仪陇协会十几年来引导、推动养牛业不断改进的努力，养殖商品肉牛已逐步代替养猪成为仪陇畜牧产业的主业。

2003 年起，仪陇县政府出台政策规划养牛产业，但因品种是耕牛而非肉牛未能成功转型。2013 年起，仪陇县兴起了第二次养牛的热潮。这次协会在托管的村合作社里选了 3 个社，倡导从养耕牛改良为养肉牛。仪陇协会将小母牛公益基金提供给合作社的产业发展资金，注入村合作社形成产业基金，用于循环支持村民购买肉牛，同时由合作社对村民买牛、饲养、环保和基金回收进行全产业链的服务与管理。各村的贷款额度和期限据实而定。养殖户每买 1 头母牛，村社提供 6 000 元无息滚动基金贷款，每月回收不低于 200 元的还款。到 2015 年，仪陇协会托管的 12 家村级合作社养牛总量达 3 000 余头，其中返乡创业青年农民的户均养牛规模达到 20 头及以上。截至 2020 年年末，这笔 400 多万元的产业发展基金累计发放 1 000 多万元，滚动支持购牛 2 000 多户次。

然而产业规模发展过快，让配种技术匮乏、饲养能力低下的养殖技术短板更加凸显，导致 2014 年返乡创业的一批青年农民在一两年内户均亏损 20 万元至 40 万元不等。为了帮助养牛户走出困境，成为仪陇县第一代职业农民，仪陇协会决心推动养牛业的现代化发展。

为实现该目标，仪陇协会多管齐下对养牛户进行辅导、培训和支持。一是引进湖南的高级畜牧师，长期留在仪陇协会，手把手传授人工冻配改良技术，同时着手建立本县的冻精液存储站；二是带队到省外学习考察养牛业，让大家摆脱“井底之蛙”的思维局限，了解养牛产业是一个完整的、科学的产业链；三是专门针对返乡创业的青年养牛人培育养牛家庭农场；四是以教育服务为生产力，创建了每月一期的养牛户学习平台，开展理财和技术两类培训。以此来辅导每个家庭学会做牛场流水账，核算收支，做月度家庭农场财务核算，在此基础上明确合理的饲养目标，建立量入为出的家庭理财观念，在懂得牛场盈亏来源的基础上制定家庭养牛理财规划，进行经营管理方面的调整。

仪陇协会对养牛户的培训支持很快见效。2018 年下半年，80 多家养牛大户的牛场扭亏为盈，进入成长阶段，回乡创业的养牛户多了起来。

规模再次扩大后，养牛产业链上各环节的问题，如饲料、饲草、药品、冻精液、犊牛买卖等都产生了一定的问题，但针对这些环节的市场化服务以盈利为目的，各环节割裂，导致个体经济人和企业趁势赚钱。而养牛大户的关注点局限于稳定自家的盈亏，养牛户之间不合作，相互拆台、投机取巧的现象时有发生。

农业产业链的服务类似公共品，具有一定的公益性。仪陇协会认识到要想让养牛业稳步发展，实现村民共同致富，产业链就必须掌握在能代表仪陇所有养牛户利益的农民合作组织手中。2020 年 7 月，仪陇协会以机构投资主要发起者、养牛户依据按照规模投入少量资金的方式创建了仪陇养牛专业合作社联合社（简称联合社）。仪陇协会代表、养牛大户代表和 12 个合作社的代表共建了仪陇县农民养牛专业合作社联合社理事会。

当仪陇协会创建的县联合社几乎囊括全县养牛大户时，其将自己几十年来服务农民、扎根乡镇的小贷服务网络转型成为联合社养牛服务网络开展金融服务，同时入户开展农民技术辅导、联合购销工作。联合社由秘书处、技术服务部、购销服务部和金融服务部组成，将全县划为 4 个片区，协会中层干部任片区专职主任。仪陇协会将之前小贷网络的 8 个服务网点转为联合社网点，片区主任与原小贷工作人员加上联合社养牛户推选的片区负责人一起，组成片区日常经管团队。

在教育培训和技术服务方面，2021 年，仅开展分片区、分网点的技术培训，全年累计参加人员达 1 500 人次。服务团队每月入户进行联合购销、金融理财、家庭饲养经营管理辅导评估达 4 000 多户次；12 名专业老师分片区巡回入户解决疑难问题达 300 多户次。技术服务部针对配种难、品种改良无序等问题，有组织地开展了养牛品种改良与系谱管理体系建设，配种接生母牛保育服务团队全年使用优质冻精液配种牛 8 000 头。

在饲料定制方面，由购销服务部开展定制饲料的联合购销服务，因质量好、价格低，育肥牛出肉率高，自愿参加联合社定制饲料购销的村民数量逐月上升，每月生产和配送的饲料达百吨。

在金融服务方面，联合社将内置金融服务与成员家庭理财教育活动有机结合，开展金融理财与金融服务相结合的教育训练。全年为养牛户提供的产业贷款、饲料贷款、低收入家庭消费性贷款规模在 3 000 万元以上，还协同县农业银行为 93 家家庭农场完成了三年期免担保每年最高 30 万元的低息产业贷款授信工作，落实贷款规模 2 000 万元以上。

联合社致力于全面提升养牛产业现代化水平，在中牧公司等多家大型国企和民营公司及西南农大养牛工程院的支持下，一方面引进种草、兽药、兽医等公司和技术，以种草技术提升本地村民种牧草的效率，以科学配方定制养牛的精饲料；另一方面建设养牛产业大数据平台和联合社网上商城。2022 年年初起，网上商城开始为养牛户提供和推荐优质优价的饲料、药品、设施等信息。联合社还建立了大数据平台和金融理财经营核算管理系统，逐步向可追溯的农业数据化管理方向迈进。

联合社搭建的网络型合作组织体系，为仪陇的养牛产业良性发展奠定了基础。到 2021 年年底，联合社母牛年末圈存 3 000 头，育肥牛年末圈存 6 000 头以上；全年销售牛 15 000 头，销售产值达 2.7 亿元。联合社还带动全县养牛产业的整体发展。县域内新起步和小规模养牛的村民年末圈存母牛 20 000 头以上，架子育肥牛圈存 20 000 头以上；年度销售牛近 20 000 头；销售产值在 3 亿元以上。

参考资料

（1）高向军. 关于仪陇县乡村发展协会初创与目前运行情况报告，2022。
（2）高向军，孙炳耀，续志琦. 仪陇做法：为农民组织赋权赋能［M］//杨团，刘建进，仝志辉. 探路乡村振兴的基层实践，北京：中国社会科学出版社，2022。

五、邀你共议

1. 袁家村与战旗村的产业发展之路有很多相似之处，请思考：它们在产业发展中的共同点和差异之处？您认为两个村产业成功的关键因素分别是什么？

2. 2016 年袁家村开始向外输出品牌，与域外主体合作，品牌价值得到大幅提升，请思考：什么条件下可以开始进行品牌输出？战旗村下一步是否可以采用这种发展模式？

3. 在农业产业“微笑曲线”中，农业生产处于价值链的低端，附加值最低，长期以来农民处于获取产业链利润空间最小的地位，大量收益被产业链其他环节所收割。请您阅读仪陇县的材料，思考怎样才能让农民在利益链中分享更多的利益。

第三章

集体经济统筹下的多业态融合发展

一、背景导入

战旗村，川西平原的一颗明珠，20多年来一直光彩夺目。在5.36平方千米的战旗土地上，生长着稻谷、油菜、蔬菜、苗木，建造了住宅区、博物馆、学校、宾馆。做菌菇的、豆瓣的、电商的、露营地的各类企业和村民们相处和谐，充满川西风情、古老韵味的乡村十八坊和壹里老街，与现代风格的第五香境文旅综合体互相映衬。这里的建筑设施和热情好客的村民们一起，召唤着、迎接着从四面八方涌来的客人，自豪地展示着自己新的生活状态。这让来过这里的人念念不忘，说战旗村是村不像村，倒像是个热闹非凡的乡里小镇。这里不仅一二三产业自然融合，似乎不着痕迹地嵌入了村庄的生活样式，而且新老村民、本地人与外来人也难以区分。这一切是怎么实现的？战旗村做了什么，能形成这样多产业、多业态融合发展的局面，当中是否遇到过什么难题，又是怎样解决的？这些疑问都吸引着来这里考察学习的人们。

二、战旗实践

（一）不同时期的多业态融合

由于农业生产资料的特殊性、农业的多功能性和乡村的整体性特征，乡村的产业融合随处可见、随时可见。不同的是融合深度和广度不同，战旗村从传统农业主导期到工业主导期到产业升级期再到一二三产业融合期，每个时期都主动促进村内业态的融合。

1. 传统农业主导期的种养结合

1965—1978 年是战旗村种养循环—副业支撑的传统农业主导期，该时期村里在农田整理的基础上以传统粮食种植业和养猪业为主，以拖拉机副业为支撑，在生产大队的统筹管理下实现了种养结合和副业融合（如图 3-1 所示），带动了战旗村集体经济的起步与发展。

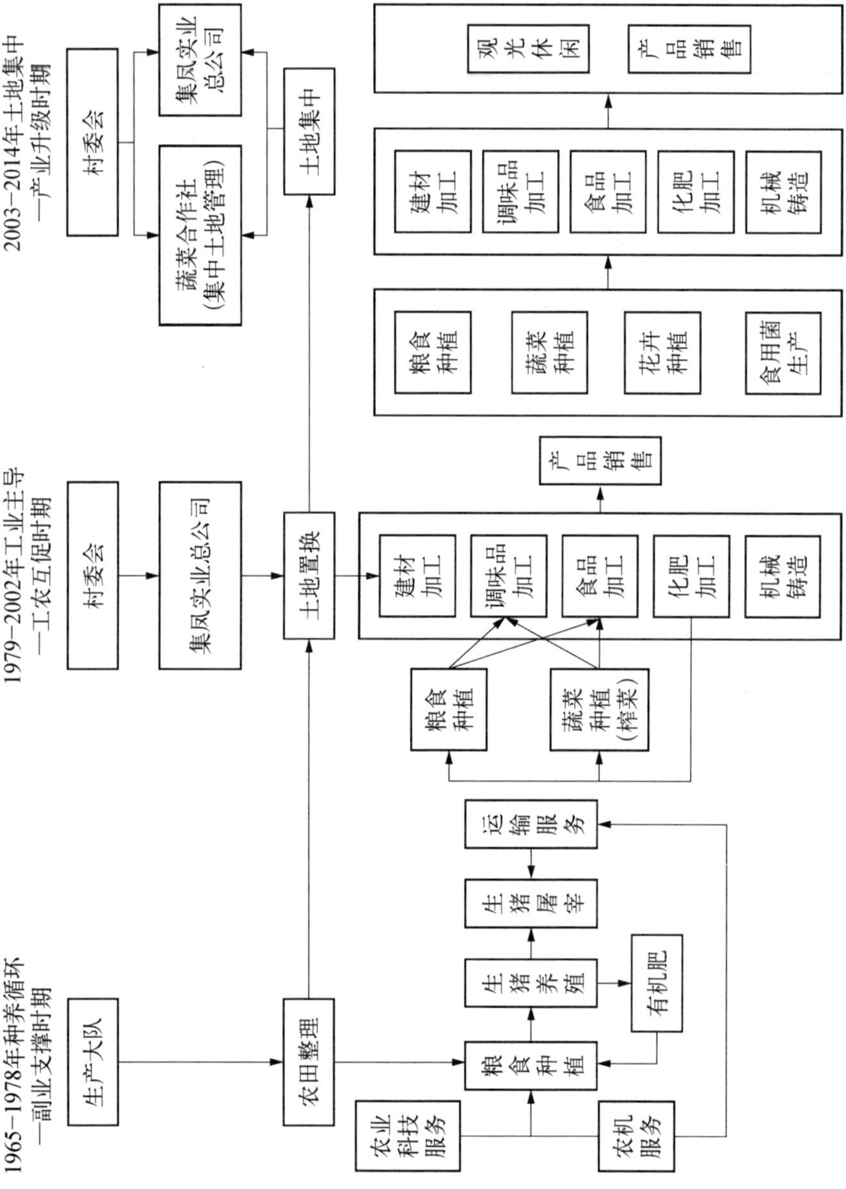

图3–1　战旗村不同时期产业链条示意图

20世纪60年代，全国养猪业兴起。战旗大队党支部通过禁止个人私卖猪草、给喂公有母猪的社员加工分、给集体堆肥的社员以肥换粮、猪仔由集体以内部价供给、为贫困户垫付养猪资本等组合式政策，切实做到了“公私并举，私养为主”，支持社员共同致富。此举让战旗大队从刚设队时在全县养猪业中排名倒数，4年后成为养猪业排名全县第一。村里每人平均养1.2头猪，喂猪多，得到的肥料也就多，支持粮食作物生产也达到了全县排名第一，实现了种养结合。

1976年，战旗村在条田改造完成后，购买了拖拉机进行机耕。但是农业种植是有季节性的，机耕完成后拖拉机就闲置了。村里想到了农闲时可以使用拖拉机跑点运输，这样农机服务和运输服务相结合，提高了村里拖拉机的利用效率。从那个时候开始，村里积累了一些集体经济收入，农机站的拖拉机手们也通过分红实现了收入的提升。

2. 工业产业主导期的农工互促

1979—2002年是战旗村工业主导—工农互促时期。总体来说办砖厂开创了以工业为主的产业发展时期，包括建材加工、调味品加工、食品加工、化肥加工、机械铸造等二产为主导的产业；在农业种植上，1982年实施家庭联产承包责任制后，以村民自主的粮食种植为主，当时的三产主要是产品销售。这一时期，村集体主要的精力放在管理工业上，农业以家庭自主生产经营为主。

1995 年前后，当时土地都在各家各户自己手里，村里没有管理权限。当时的村党组织书记外出调研后发现涪陵榨菜卖得好，特别是产销一体化的模式。村书记就自己出钱买了种子带回战旗村，免费送给部分村民，鼓励村民种植，并且承诺之后会按照市场价格进行回购。战旗村榨菜种植在收割水稻与种植油菜之间，第一年凡是种植榨菜的村民平均收入增加了 800 元左右。有了第一年的实验，第二年种植榨菜的人更多了，榨菜逐渐成为当地的主要农作物之一。此外，战旗村还带动了周边村子的榨菜种植，总种植面积达上万亩。战旗村利用现有的豆瓣厂，直接对收购回来的榨菜进行加工与销售，实现了“种植 + 加工 + 销售”一体化的产业模式。

另外，有的村民种植的蔬菜和粮食也作为村里调味品和食品加工企业的原材料，这种一二产的融合模式延续至今。当时，村里还有化肥厂，厂里生产的化肥用于村里的作物种植，也是一种农工互促的形式。总体来说，当一产分散在各家各户时，要实现一二产的融合会更加困难。

3. 产业提升时期的一二三产融合萌芽

2003—2014 年，战旗村土地集中后，引进了“妈妈农庄”和第五香境等项目，产业整体升级，一产和二产逐渐优化，三产比例逐渐升高，一二三产多业态融合的格局开始萌芽。

这一时期农业产业主要包括粮食、蔬菜、花卉、苗木种植和食用菌生产，二产加工重新收回到集体手中，部分有污染的加工业面临关停，三产主要是由“妈妈农庄”带动的农业观光旅游业态，其中一产粮食和蔬菜种植和二产的调味品和食品加工存在一定的关联，粮食和蔬菜种植为调味品和食品提供了加工原材料，产业主体之间直接通过订单购买来完成交易，没有其他交互利益联结的机制。此外，交易大多为产业主体间的个体行为，村集体没有参与。三产和一二产间的关联主要以“妈妈农庄”为核心。村里统筹将一些种植大户种植的农产品和企业加工的豆瓣酱等战旗特色产品集中做在代金券里面，将代金券作为“妈妈农庄”的门票，价格从30元提升到50元，游客在参观完“妈妈农庄”后，可以使用代金券全额兑换战旗村的本土产品，实现了三产旅游和一二产生产加工的融合发展。整体来说，这一时期战旗村已经出现了一二三产多业态融合的萌芽，产业链条得到了较大的延伸，战旗村品牌的知名度也慢慢增强。

4. 特色产业主导期的多业态融合

从2015年战旗村成立战旗资产管理公司对战旗村产业发展进行统筹管理后，战旗村整体进入了乡村特色产业融合发展期，多业态融合的产业结构如图3－2所示。

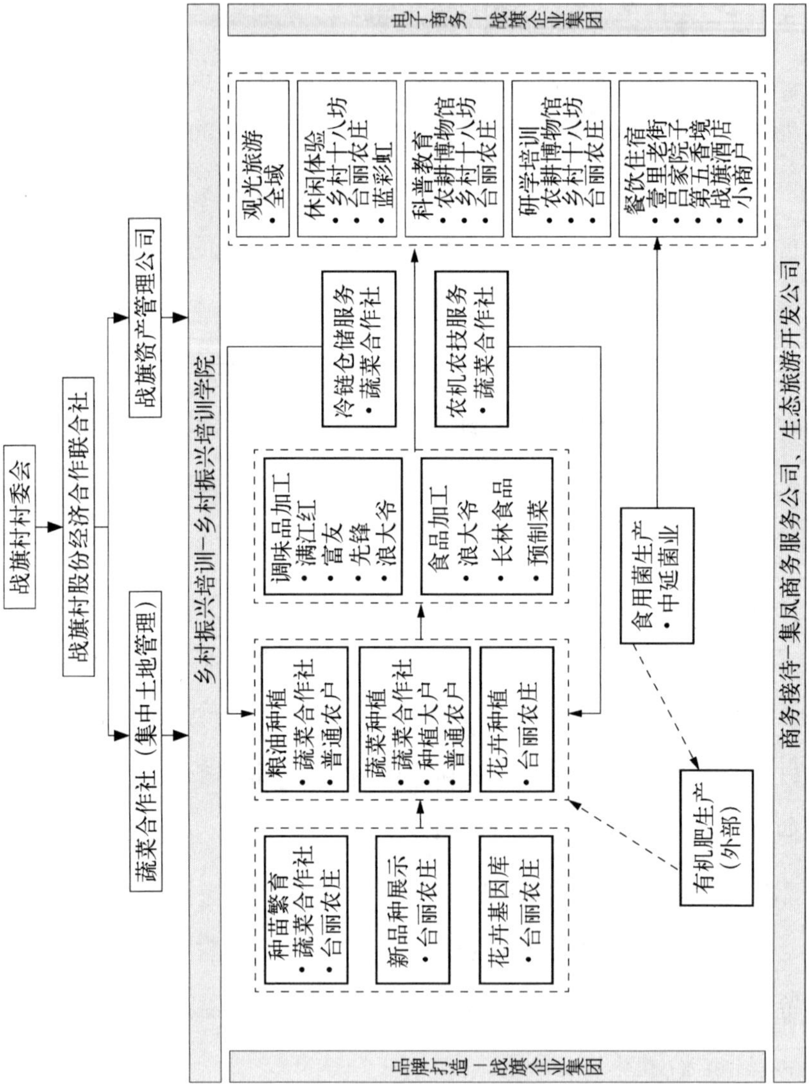

图 3-2　乡村特色产业融合发展期战旗村多业态产业结构

战旗村经过多年的产业转型升级，基于战旗村的产业基础和区域特色，慢慢构建出了多产业、多业态融合的产业体系。这一时期，战旗村的一产主要包括粮油种植、蔬菜种植、花卉种植和食用菌生产，其中粮油种植和蔬菜种植是战旗村的传统作物，具有良好的种植基础，蔬菜合作社、种植大户和普通村民主要从事粮食和蔬菜种植，蔬菜合作社可以为种植大户和普通村民提供育苗服务、农机农技服务和冷链仓储服务，花卉种植主要由台丽农庄开展，同时还建立了花卉基因库，为村内和全国各地提供花卉种苗服务。另外，一产还包括工厂化的食用菌生产，中延菌业利用废弃菌包等在附近地区建设了有机肥工厂（因水源保护地政策战旗村自身不适宜建有机肥工厂），并且计划将生产的有机肥用于战旗高质量农业种植中，形成绿色的循环农业模式。战旗村生产的包菜等作物也是二产中食品和调味品加工企业的重要原材料；全域规模化、标准化种植农田作为战旗村旅游的底色，点缀乡村十八坊、台丽农庄、蓝彩虹等休闲体验节点，农耕博物馆、乡村十八坊、台丽农庄等科普教育和研学培训节点，结合壹里老街、吕家院子、第五香境、战旗酒店、小商户等旅游服务业态，形成乡村特色旅游业；同时，战旗村的三产还包括新型服务业，蔬菜合作社提供的生产性服务为农业种植业直接服务，乡村振兴培训学院在为全国各地提供乡村振兴咨询培训的同时，也为乡村十八坊等乡村旅游主体带来了客流量；乡村振兴培训学院和台丽农庄在村集体的统筹下分别进行教育培训和研学定位，在村内实现良性互补；村里的高乐印务公司（原村集体包装厂）为村里的调味品和食品公司提供了印刷包装服务；集凤商务服务公司和生态旅游开发公司提供商务接待服务与全村的旅游主体息息相关；战旗企业集团提供的品牌打造和电子商务渠道则服务于一产和二产生产的农产品的营销，以提升战旗村品牌产品的附加值和竞争力。

2009—2011 年，战旗村被批准为国家 3A 级旅游景区，现已升级到国家 4A 级旅游景区。2018 年春节前夕，习近平总书记到战旗村视察，购买了一双战旗村乡村十八坊中布鞋坊的唐昌布鞋。他临别时特别赠言“战旗飘飘，名副其实，走在前列，做好示范”，这极大地鼓舞了全村干部和群众。战旗村村集体多年来通过发展集体经济和申报政策资金，实现了基础设施和人居环境的极大改善，结合村庄文旅品牌的打造提升，整体文旅产业营商环境的营造为村内的产业主体提供了更多的产业升级的可能。村集体计划基于现有业态，为村里的相关主体增加新的文旅业态，旨在将战旗村打造成为多个旅游点，进而串联成一个大型旅游综合体。在村里向中延菌业提出相关提议后，中延菌业做出积极响应，他们同样看中了战旗村的文化旅游知名度，双方迅速达成共识。规划中的“三亲”乐园，包括亲植（菌类研学）、亲动（动物乐园）和亲水项目，前期因疫情原因暂停建设。目前，村支书和中延菌业的企业负责人正在北京等地考察相关项目，时机成熟后，启动实施。

战旗村几乎每天都在酝酿着新的创造、新的改变。他们不仅要在农业产业化上有新举措，而且更加致力于推动农业和其他各类产业的新的融合方式，力图在乡村产业这个更大的空间范围内整体打造农业产业和农村产业的融合形态。他们的目标是创造更多新颖且引人入胜的场景，以吸引游客在战旗村多停留数小时，甚至选择留宿；他们要把会议、拓展、研学、培训作为战旗村红色旅游的总体定位。村集体正计划成为拓展公司的上游平台公司，旨在打造云贵川地区最大的户外会议和团队建设基地，将金星的农用地部分做成川西生活体验地。

（二）集体经济统筹业态融合

战旗村的多业态融合是在集体经济组织的统筹下进行的全面规划，集体经济决策流程主要包括通过村民大会/集体经济组织成员大会进行表决，村委会负责村里的行政类管理事务，而集体经济组织（股份经济合作社联合社）则专注于村里的集体经济活动管理，具体由战旗资产管理有限公司、战旗蔬菜专业合作社和益林蔬菜专业合作社分别负责二三产业和农业产业的管理。在村集体经济组织的统筹管理下，战旗村在 2022 年实现了显著的经济发展，村资产总额达 11 179 万元，村集体收入达 658 万元，村民年人均收入达 3.56 万元。

1. 村庄的多产业、多业态融合是怎么来的

战旗村当前所展现的多产业、多业态融合的面貌，是村集体通过不断探索和实践，历经数十年努力所取得的成果。转型的起点是“妈妈农庄”，它开启了战旗村的新视野，标志着战旗村农文旅新产业和新业态的起步。

战旗村多产业、多业态的形成离不开战旗村人特别是村集体班子成员的智慧和远见，他们站在改革大潮的潮头，不失时机地顺势而为，推动战旗村的产业发展。

例如，“妈妈农庄”的引入最初是由高德敏书记通过招商引资实现的。当时，雅安的房地产公司老总曾询问高德敏书记战旗村的优势所在，以及为何选择在此投资。高书记表示，村里生产豆瓣。然而，房地产公司老总回应称豆瓣味道偏咸，不太符合他们的口味。高德敏书记又说，战旗村离都江堰近，空气、水源都很优质。房地产公司老总认为，这样的地方有很多，如雅安的空气质量更好。最终，高德敏书记提出了关键优势，即村里的土地已经经过条田改造，非常平整。他向房地产公司老总保证，用地问题无须担忧，可根据需求提供足够的土地资源且村里的农民不会产生任何干扰。这一点打动了房地产公

司的老总，他前后来战旗村考察了 20 余次，最初只是计划在这里修建一个高级会所。2009 年动工后，投资方就感到战旗村各方面的条件都很优越，于是加大投资，重新规划了设计方案和图纸，将原定的会所转型为乡村酒店。随后，该地逐渐发展成为集休闲、住宿、餐饮、教育培训于一体的综合性农文旅产业基地。战旗村完成土地产权制度改革后，与“妈妈农庄”的合作方式也做出相应调整，从原先的土地经营权出租转变为以土地作价入股，将村里的土地转化为投资，而“妈妈农庄”仅需支付土地的保底租金。习近平总书记来这里考察进一步提升了战旗村的红色品牌影响力。此后，“妈妈农庄”的会议培训、婚庆、红色教育等业务均得到了显著发展，不再局限于原有的旅游和门票收益。村庄的品牌影响力逐渐增强，反过来也推动了“妈妈农庄”的进一步发展。

村集体领导班子，应兼具高瞻远瞩的视野和脚踏实地的精神，既要坚持决策的科学性，又要确保作风的民主性。以乡村十八坊的建设为例，该项目于 2017 年开始建设，于 2018 年竣工。村领导班子自 2012 年起便着手规划，历经五年的深思熟虑。这块地的用途几经变故，做过农业试验，修过迎龙山庄和文化大院，地震将其毁坏后，又改建为了果园。由于其位置好，靠近公路，村集体一直想将其更合理化运用。最终决定在这块地上建乡村十八坊，考虑的是村集体和村民共同的长远利益。

当时，战旗村村集体看到很多村盲目进行产业发展，特别是发展工商企业。这种做法市场风险很大，村集体很难把控，经营亏损者占大多数，如何找到一种安全且可持续的投资方向，就需要找到社会需求与村庄供给之间的平衡。村集体班子成员发现，农村的特色手工业产品不仅契合村民的需要，也受城里人的欢迎，并且农副业手工作坊是村里工匠们自有的手艺，生产出来的产品无添加、无防腐剂，在当代注重饮食健康、生态环保的理念下，有着极大的市场空间。如酱油以前是酿造的，现在变成了勾兑的工业品，但是战旗村依然可以自己用豆子发酵，自行酿造酱油。可见，村里用生态环保的手工艺生产的生态、特色食品，在大健康时代永远不会过时。再加上此类民间工艺的制作过程有着一定的观赏趣味，可以将生产变成有内涵的展示和体验过程。这些，就是村集体决定用这块地做乡村十八坊项目的动因。然而，当时许多村民长期未从事自家的手工艺制作，他们对此表示疑虑，担心这些传统食品或物品在市场中不受欢迎，以及长期从事这一行业是否能带来经济收益。为打消村民们的疑虑，2016 年上半年，村“两委”就组织村干部、小组长、党员代表和企业代表一共 40 人去考察了袁家村的集体经济。这才让大家有了一定的信心，修建乡村十八坊项目也就通过了村民大会决议，全村村民出工备料，用较低的成本完成了这一工程。乡村十八坊建成后由村集体资产管理公司直接管理，每个入驻的商家入驻时都要和村集体签订协议，对具体事宜进行明确规定。具体包括，入驻商家第一年费用全免，第二年上交营业额的10%；日常经营统一扫码支付，每天结算；业主按照平方米数缴纳公共区域的卫生费、管理费等。

如今的战旗乡村十八坊已经成为四川省远近闻名的乡村产业品牌，也是支撑战旗旅游产业发展的物质基础。

2. 从村民家庭看多业态的融合

在战旗村，每个村民家里都呈现了农工融合、城乡融合的社会生态。

首先是村集体给村民留出了微型菜地。虽然住进住宅小区的村民，大多数已经不再下地种庄稼，但是在布局战旗村住宅小区时，战旗村领导班子就想到了，如何让离开土地的村民能够维持种地的习惯。于是，他们为所有小区住户留了一小块菜地，让他们自己决定种什么，小区的外围还专门设置了方便村民卖菜的货架，村民自己吃不完的菜可以摆到货架上自行出售。

其次是扶助村民就业。2007年，村集体与榕珍菌业签订合同时就约定好，菌业开工时要将400个招工岗位都留给本村村民。这一承诺兑现了15年，到现在，350多位村民还在后来新进入的中延菌业工作。2015 年以来，战旗村和迈高公司合作，建设第五香境项目，又带动了村里一批人的就业；2018 年，村集体建造乡村十八坊，2019 年，集体和村民合建壹里老街，目的之一，就是让村民能有自主择业的机会；2023 年，村集体和村内的企业共建专门从事销售的集团公司，招聘村里的年轻人担任电商销售员，吸引了 20 多位本村毕业的大学生回村工作。

如今，战旗村的村民，大多在本村居住，在村里或镇上工作。年轻人在村里工作的人数已经过半，还有不少年轻人当上了村干部，由村集体发放工资，也许他们的工资没有外面企业给的高，但是工作和薪资稳定，年终有奖励。对在战旗村内就业的村民来说，他们有着很高的职业自豪感，不是为了个人，而是为了战旗村的今天和未来，贡献着自己的力量。

战旗村还有一部分从外村，甚至是外省来的居民。据初步统计，有 100 多位外地人选择在战旗村扎根。其中，有一位叫刘彦的东北人，她曾经是国有企业的中层干部，在战旗村安家落户，成为新村民。她还是战旗村的党员志愿者，她带动周围的村民，一起为战旗村的发展贡献自己的力量。

让战旗村集体班子成员始料未及的是，乡村十八坊不但是个微型的乡村产业园，还逐步演变为村集体和村民家庭之间最重要的联系纽带，这个纽带通过经济的和利益的关联，传递到精神和情感层面。乡村十八坊里的业主都办理了个体经营的作坊牌照，产品只能在现场和成都区域销售，不能进入外地的线下超市和线上电商平台。这些业主当中，也有产业做得比较大的，如战旗酒厂生产的酒，质量上乘，被行家赞不绝口，但是由于没能办理SC生产许可证，直接影响了销售。这成为制约酒厂发展的主要因素。村集体作为乡村十八坊的建设者，扮演着为全体业主担当公共管理者的职责，努力帮酒厂老板解决了这一难题。

3. 构建业态融合的内外机制

战旗村壹里老街项目，最能体现战旗村的村集体和村民个体与社会、政府的内外融合机制。

战旗村全面实行土地集中、住宅集中和企业集中之后，村庄面貌焕然一新。然而，在一条有20多户居民的街道后方污水泛滥，成了战旗村在构建良好人居环境过程中亟待解决的问题。由于该街道原先的居住条件较为优越，因此并未纳入集中居住小区的建设规划。然而，随着村民居住条件的整体提升，这一矛盾逐渐凸显。这20多户村民在村里属于较为富裕的一类人，他们过去建造的住房后方通常是用于养猪和堆放杂物的隐蔽区域，因此环境相对较差。改造人居环境、突破村内治理的瓶颈成为当时全村老少都关注的主题。

如今，这条街大变样，成为主打川西民俗文化小吃的乡村特色商业街，村集体将其命名为壹里老街。壹里老街占地 30 000 余平方米，涉及村民 35 户，该商业街成功打造了以品尝乡味、观赏乡景、体验乡事、感受乡情、怀念乡愁为核心主题的全新商业消费场景，成为乡村生活体验的理想之地。

老街从规划设计到施工，始终贯彻了内外结合、共建共举的机制。2019 年年初，村集体召集了这条街上近 30 户村民开会讨论，通过村干部包户的方式，进行入户走访以收集村民的意见。为了拓宽视野、统一思想，村集体还组织了村民代表外出参观学习，涵盖了都江堰、邛崃、双流及袁家村等多个地区。这种结合实际的思想动员工作为老街的规划设计奠定了坚实的基础。老街的规划设计经反复修改完善，于 2019 年年底完成。最终，所有相关方通过了统一规划、统一建设的方案。这一方案由村集体经济股份合作联合社负责实施，对村民原有的闲置猪圈房、柴房、杂物间等及其宅基地进行租赁，进而进行统一规划、设计、修建和招商。在修建过程中，根据村民的意愿，采取了自建与委托村集体建设相结合的方式。其中，有 6 户村民与村集体签订了合同，同意将其土地交由村集体统一规划。村集体每年向这些村民支付租金，金额为 7～8 万元。另有 4 户村民未与村集体签订合同，而是按照村集体的统一建设要求自行进行建设和招商。对未能成功招商引资的村民，村集体将提供相应的帮助。

在老街的修建过程中，村集体通过内外结合的招聘方式，将村内外及郫都区的木工、泥工等能工巧匠召集起来，收购了旧砖瓦、木料作为材料。由村监事会主席记工时、记材料，最后费用统一打入各自账户。在出资方面，战旗村采取了多方共建的方式，包括村集体、村民、社会融资和政策资金补贴等多个部分。村集体出资一部分、村民出资一部分、社会融资一部分、争取政策资金补贴一部分，一期的实际总投入约 700 万元。政府项目补贴 84 万元，2020 年人居环境项目补贴约 1 万元。2021 年壹里老街开街，成都市商务局、成都市财务局和第三方公司对壹里老街进行验收，结果为合格，又给予其 20 万元补贴。同时，郫都区商务局针对壹里老街的实施主体即战旗村资产管理公司给予了 14 万元的补贴。此外，还有部分资金来源于农业银行乡村振兴项目的贷款。壹里老街原定于 2020 年 2 月开放，由于新冠疫情的影响，工期被延误。2020 年 2 月，在注重防疫措施和建设工作的同时，村集体组织了对施工现场的复工。最终于 2020 年 8 月 1 日正式建成并对外开放。壹里老街建成后的统一管理方案，是经 30 多户人家讨论通过的。这一模式由村集体经济组织成立的管理平台推动，该平台利用村民的闲置房产和宅基地进行改造，对商业街进行统一招商、统一培训、统一运营，以确保业态的可控性和优质性，减少无序经营的现象，维护了壹里老街商业市场的秩序。壹里老街在分配上也采取统一分配的方法。凡是符合老街业态要求的商家可以免租入驻，根据业态进行统一租赁的模式。商铺租金由村集体经济组织统一收账、统一管理和统一分配，商家实行营业额分成。集体提留的部分资金中，一部分用来支付村民房产租金，一部分留存在集体，作为年底集体经济组织成员的分红基金。壹里老街开街后，业主们在街上开办了多种川西小吃铺面，同时民宿集群的打造颇见成效，由此战旗村又多了一处网红打卡点。但是，由于疫情带来的影响，经济恢复还需时日，所以壹里老街要达到规划设计的目标还需要一定的时间。

总之，壹里老街项目通过村集体与村民的协商共建，成功打造了利民利村的特色商业街。该项目不仅有效盘活了村民的闲置资产，增加了他们的财产性收入，激发了村民积极参与公共事务的热情，同时也显著提升了村集体的资产和收入。更重要的是，此举增强了村集体和集体经济组织在村民中的信用和名誉。该项目充分展现了村集体以村民利益为本，与村民协商合作的新型集体经济的运营方式，也体现了村集体经济组织与政府多部门的紧密合作，共同致力于乡村人居环境和生态体系建设的做法。此外，在村党组织领导下的村集体经济组织的项目工作机制，为构建川西特色民居和川西特色餐饮等乡村特色产业、业态提供了重要保障。

2022 年，战旗村与招商引资企业又探索了新的合作机制。原先，“妈妈农庄”仅向村庄支付土地租金，并且约定每 5 年租金上涨 5%。2023，台丽农庄接手“妈妈农庄”后，村庄与企业重新修订了合作机制，决定保持土地租金不变，在台丽农庄的营业收入超过 800 万元后，村庄将获得 1.5%的提成，达成了良好的利益共享机制。

三、我们的评述

在产业分割的背景下，农业的经济功能被过度强调，政治、文化、社会和生态功能则相对被忽视，从而阻碍了其多元价值的实现。相较于第二三产，单独分割的农业产业因其自然资源的有限性、供求缺乏经济弹性及市场刚需等特性，呈现明显的弱质性，其成本收益普遍低于二三产，导致多数农业从业者面临获利困难甚至生计难以维系的问题。乡村提供的优质食品、清新空气、优美景观、健康自然的生活方式及独特的乡村文化和风俗体验，对城市居民产生了新的吸引力。提升乡村新供给能力，以满足城市居民的新需求，是推动农村产业融合、培育新业态、重拾农业多功能性的关键途径。因此，农业不仅是经济业态，而且是涵盖了社会、文化和生态等多方面的新业态。乡村的产业振兴应该要超越第一产业本身，培育一二三产融合的新业态。这使得乡村不仅能够提供充足的食物，而且还具备了满足城市居民对休闲旅游、文化教育、生态环境等农业多功能性新需求的能力。因此符合新时代消费需求，体现农业多功能性的乡村产业融合体系应具有以下几点特征。

（一）充分发挥乡村发展产业的优势，突出乡村产业的整体性

一般而言，乡村特别是村集体在产业发展上常被视为处于劣势，然而从战旗村的发展经验来看，这一观点并不完全准确。乡村作为典型的人情社会，村集体呈紧密而复杂的联系，形成了一个有机整体。在此背景下，首先是乡村产业展现出了较强的韧性。乡村产业的体量相对较小，使得集体产业主体间更容易实现紧密的联系与支撑。同时，乡村拥有土地资源和本土劳动力资源的优势，使得在面对经济环境变动时，乡村产业展现出更强的缓冲和适应能力，从而具有更强的产业韧性。其次是技术扩散方便快捷。在乡村社区中，新技术的传播往往通过邻里间的口口相传和手把手教学得以实现，使得技术扩散方便快捷。最后是便于组织劳动力。以往在乡村，一旦有

任务或活动，只需一声号召，村民们便能迅速集结。然而，随着乡村的衰落，大量劳动力不得不转移到城市务工，导致乡村劳动力资源紧缺。但是因为战旗村有良好的产业基础，在村里就业的劳动力比例较高，企业或者合作社需要用人时，很容易招到熟练的劳动力。

总体来说，战旗村充分发挥乡村发展产业的优势，扬长避短，在村委会、战旗村股份经济合作社、蔬菜合作社和战旗资产管理公司的集体带领和管理下，以现代种植业为基础，产业链延伸至以食品和调味品加工为主的农产品加工业和以特色农业休闲体验、科普教育、研学培训等为主的特色旅游业，各产业、业态之间有着千丝万缕的联系，基本构建了发挥战旗村农业、农村、生活、生态、政治、文化等多种功能的一二三产融合的乡村产业体系。正如格林斯坦（Greenstein）和卡纳（Khanna）所述，产业融合是指产业增长过程中产业边界模糊或消失的现象。随着产业融合程度的加深，战旗村众多产业主体内部及主体之间的一二三产边界日益模糊，产业间的黏性则不断增强，这恰恰体现了乡村的集体性和整体性特征。

（二）形成良好的利益联结机制，村民在产业融合发展中获得收益

产业的融合发展无疑为居住在村里的农村居民带来了利益。村里集体经济部分与村民之间形成良好的利益联结机制，村民可以通过分红分享产业发展的收益；农村产业融合发展还可以激活农村土地、住宅和金融市场，增加农民财产性收入；通过促进村民与本村产业发展的紧密结合，实现村民的本地就业，从而直接增加农民的收入；产业的延伸与融合，也能使得农民在农业领域的创业、创新机会越来越多，新业态的发展空间将会越来越广阔。在战旗村，所有村民家庭在村集体经济中均持有股份，每年享有保底分红和基于集体经济状况的二次分红，这些均属于村民的财产性收入。除此之外，有的村民家庭有劳动力在村里的企业工作，这部分属于工资性收入，有的村民在乡村十八坊、壹里老街、村里的其他地方创业或租地进行农业规模化经营，都属于经营性收入。战旗村的一二三产融合发展的产业体系对村民的家庭财产性收入、工资性收入和经营性收入均有很大的提升，显著提高了村民的收入。

（三）推动消费升级，以产业融合带动城乡融合

乡村的一二三产关系在农村的优化组合和空间重构，将催生智慧农业、创意农业、研学培训、电子商务等各类新业态和新模式，顺应或引领消费结构的升级方向，更好地满足城乡居民多层次、多样化的

消费需求并创造新的社会需求，带动形成居民消费新热点和国民经济新增长点，促进农业发展由“生产导向”向“消费导向”转变。此举旨在保留农村的生产要素，同时吸引城市生产要素流入农业农村，从而强化农村产业发展的要素支撑，推动城乡互动发展，实现以城带乡和强农惠农的目标。为了更好地推动休闲农业、研学培训等产业融合新业态的发展，需要加大对农村基础设施、生态环境、居住条件等方面的投入和建设力度，完善农村公共服务体系，注重乡村传统文化和历史底蕴的保护，维护村落功能和农村环境，以推进美丽乡村建设。通过产业融合带来的乡村经济发展和乡村建设完善，能够有效地缩小乡村与城市之间的差距，实现城乡融合发展。战旗村正是通过催生新业态，延长产业链，通过产业融合实现农业农村的多元价值，在提升集体和村民收入水平的同时，也完成了乡村基础设施和公共服务设施的建设升级。我们看到的、感受到的战旗村与小城镇无异，村里的居民享受到的福利水平也较高，缩小了其与城市的差距，同时还吸引了大量城市资源要素和城市消费者的到来，显著提高了城乡融合的程度。

从战旗村产业发展的历史轨迹来看，其党组织领导班子始终高度重视多产业、多业态的深度融合与发展。在1965—1978年的农业主导产业发展时期，战旗村主要推行了种养结合的产业融合模式。而在

1979—2022 年的工业主导产业发展时期，战旗村则着重发展了工农互促的产业融合模式。进入 2003—2014 年的产业升级时期，战旗村初步形成了功能拓展型一二三产融合的雏形。2015 年，战旗村成立资产管理公司统筹全村产业发展以来，该村不断延伸产业链，积极拓展农业农村的多元化功能。这一举措逐步构建多产业、多业态融合的产业结构，为战旗村基本实现农业农村现代化目标奠定了坚实的产业基础。

专栏 7

一二三产融合

我国 2015 年中央“一号文件”首次正式提出“三产融合”的概念。农村一二三产的融合，以农业为基础，通过产业联动、产业集聚、技术渗透和体制创新等手段，实现资本、技术和资源要素的跨界集约化配置。这一过程旨在将农业生产、农产品加工及农产品市场服务业有机整合，进而创新生产方式、经营方式和资源利用方式，最终实现农业产业链的延伸、产业范围的扩展及农民收入的增加。

在一二三产融合中，“一产”指代农业生产业，“二产”指农产品加工业，“三产”则涵盖与农业相关的服务业。三产融合的方式多种多样，如“1+3”融合模式，即服务业向农业渗透，同时农业种养也向文旅业进行拓展；“1+2”融合模式则通过采用机械化、自动化、智能化的管理方式发展高效农业，同时农产品种养也延伸至农产品加工业；“2 + 3”融合模式则以工业生产过程、工厂风貌、产品展示为主要内容开发旅游活动，同时三产的文化创意活动也带动加工产业的发展；“1 + 2 + 3”融合模式则通过农村一二三产的联合开发，实现生态休闲、旅游观光、文化传承、教育体验等多种功能的融合，使三种产业形成相互渗透、相互促进的发展格局。

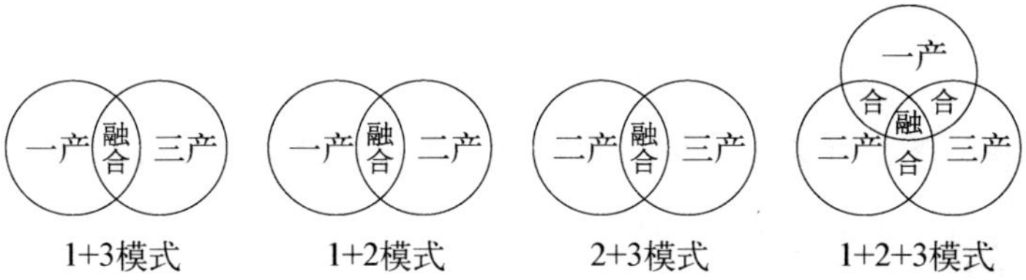

四. 同类做法

(一) 汪家村试验：超越企业盈利目标的乡村营造

汪家村是成都市新都区新繁镇（街道）一个再普通不过的农业村。该村自然资源缺乏，地理位置较为偏远，位于镇区交界处，属于管理较为薄弱的区域。2019 年之前，该村环境杂乱无序，产业结构单一，耕地存在大量撂荒现象，村民人均收入不足 2 万元，村民生计来源主要依赖外出务工。村集体此前并无经济来源。2019 年 9 月至 2021 年年底，四川源素轻旅公司在汪家村的一个自然村，成功实施了拾里庭院一期项目，仅靠受托经营村里的闲置资源资产，就让该自然村的 29 户村民增收 53 万余元，也让这个拥有 11 个自然村的行政村获得了 10 万余元的集体经济收入。

汪家村的地貌是林、水、宅、田穿插毗邻，相互依托成一体的川西林盘。户与户的林田等资源资产很难完全切分。为了整合利用零散且呈组群分布的闲置资源资产，源素轻旅公司创新性地提出了基于标准分的资源资产评估方法。他们以 1 亩田 1 200 元/年的租金作为一个标准分，逐个计量评估每间民房、平层屋顶、宅基地、林盘地、耕地、林地、水塘等闲置资源资产各自的标准分，将每家每户闲置的各类资源资产的使用权价值都折算成标准分。第一期项目中，29户自然村的闲置资源经过评估与计量，被折算为超过600个标准分。随后，公司协助村集体构建了一套完善的托管制度，以管理折价后的使用权价值。村民、村集体与驻村企业（拾里庭院）之间通过托管合同建立联系，明确各方的权力、责任与利益。村民将各自拥有的标准分托管给村集体，村集体则设立资产管理公司，将这些资源资产打包后再委托给拾里庭院进行管理。按照合同，拾里庭院承担盘活这些资源资产，受托经营赚取利润，为村民和村集体按份分红的责任。为确保村集体和村民在经营权让渡过程中的信心，拾里庭院与村集体签订了包含保底收益与分红条款的合同，从而保障村民和村集体在委托经营中“只赢不亏”。

建成后的拾里庭院相当于汪家村内的村中村，村民商户比邻而居。但是，小村与大村之间并无明显的界限，两者的人居环境均呈美观大方的特点。这得益于镇政府对汪家村乡村建设的支持，将人居环境整治、林盘保护、厕所革命等三个普遍实施的项目整合后交由村集体负责，通过招标的方式与企业合作，共同推进村内整体环境和一期项目闲置资源资产的实用化改造。房屋改造由户主出资，装修资金归外来商户。拾里庭院负责全村环境和闲置资源改造的工程设计与施工，同时垫付流动资金并承担潜在的亏损风险。各类主体各展其长共建新汪家村。拾里庭院项目设计了村民参与的“帮帮团”互助用工机制，该机制直接服务于商户运营，实现了商户间的“共享用工”和“商住共融”的目标，还在村口设置了智慧系统大屏，联营商户每日营业额提成数据在大屏上滚动，吸引新老村民驻足观看、讨论，成为当地一道亮丽风景。这种从设计、施工到经营及管理的共同努力逐渐弥合了村内村外的各种隔阂，消除了矛盾，村集体、村民与拾里庭院里的外来商户渐渐融为一家人。

在汪家村的试验中，拾里庭院还吸纳了一名本村返乡青年成为股东和中层经理，对其多方培养，由此吸引了更多本土人才和外来人才进入汪家村。2018 年，汪家村只有 2 个大中专及以上的人才，如今本村和外来大中专人才已达 170 余人。

村容村貌和人的相互关系的改变给村民们带来了信心，新老村民互帮互助的共同体意识逐渐形成。2019 年 9 月至 2021 年 4 月间，入驻商户 18 家，项目存活率 100%。即使在疫情时期，也没有 1 户商户离开。村民与企业共同抗疫，中青年一起当志愿者，为成都市民供应蔬菜等生活物资，村内的老年人主动到拾里庭院进行日常维护。

2019 年 9 月至 2021 年年底，一期试验，村民和村集体获得的年度收益分别为 14.17 万元、24 万元和 25.1 万元。其中，村集体获得

10余万元，约占全部收益的16%。村集体给村民的承诺完全兑现，显著增强了村民对村“两委”的信任，其话语在村民中得到了更多的重视和响应。村庄的青年人开始回流，村庄的活力逐渐恢复，那些原本“躺平”的村民也逐步展现积极的生活态度。一期项目的签约过程耗时364天，召开了50多场“坝坝会”，进行了大量挨家挨户的动员工作。二期项目，只用了4天就完成了156户项目合同的签署。

汪家村党总支书记刘华杰表示，“过去三年，我们村集体取得的最大成效在于获得了老百姓的广泛认可”。源素轻旅董事长李彪指出：“以这个项目为界限，我体验到了两种截然不同的生活状态。实际上，并非乡村需要我们，而是我们依赖乡村。”

汪家村试验带来的改变有三：源素轻旅由原本以盈利为驱动的城市企业，转变为与村集体、村民共建共享的企业，其经营理念从单纯追求自身盈利转变为“带动村民共同致富”；汪家村村集体和村民从原先依赖外界支援的被动状态，转变为拥有自主发展意识和行动能力的主体；流失在外的青年村民纷纷返村，成为连接村企的桥梁和乡村发展的中坚力量。这三种转变源于汪家村试验的独特实施策略和机制设计。特别是下乡企业，凭借自身的智慧和实力，以“公心”为出发点，成功构建了与村集体、村民紧密相连的利益纽带。在保护村集体在发展过程中不被边缘化的同时，也为企业自身带来了超越单纯盈利目标的人际关系资本和可持续发展的长远利益。

从2019年到2022年，汪家村拾里庭院因疫情累计停业超过300天，即便如此，2022年度村民加入拾里庭院的每个资源标准分的收益仍然较2021年提升了3.2%，达到1 297元/分，村民收益实现连续4年的增长。

2023年2月，拾里庭院正式推出“超级乡村”的活动，邀集愿意为乡村振兴贡献力量的企业家、艺术家、学者、社会组织参与汪家村的乡村打造，汪家村党支部、新繁街道和新都区负责人一起，见证了多方主体支持拾里庭院“超级合伙人”群体的诞生。至此，汪家村进入了一个由社会各界共同支持乡村振兴的崭新阶段。

2023年7月，经有关部门批准，“超级乡村”指挥部向全球招募“超级合伙人”。将“超级合伙人”分为能力型、资本型、资源型、项目型、储备型五种类型，获批的“超级合伙人”可获得汪家村“新村民”身份；享有汪家村“超级乡村”人才公寓入住使用资格，以及村内各类学习、医疗等方面的优先待遇等福利。此次还特别针对即将开业的儿童研学娱乐基地、女性主题花园及拾里·艺起团建拓展基地的经理人进行了招募。

在“超级合伙人”的支持下，“超级乡村”大数据云平台目前处于建设阶段。乡村基础设施建设的赋能项目，包括智慧停车系统、绿色农业信息化追溯体系、无人AI微型耕作系统及污水数据采集系统，已基本完成建设。目前，汪家村正在试验一种创新治理模式的公共区域人脸识别和动作行为信息采集系统。该系统结合了汪家村的14条村规民约，利用大数据进行客观化的数据分析，将村民在公共区域的行为举止转化为公共行为积分，并且以此作为对村民实施奖励的依据。

参考材料

(1) 杨团. 汪家试验：企村合作新尝试［M］//杨团，刘建进，仝志辉：探路乡村振兴的基层实践，北京：中国社会科学出版社，2022。
(2) 北京农禾之家咨询服务中心. 汪家村试验：超越企业盈利目标的乡村营造［J］. 开放时代，2022年第6期。
(3) 十里庭院供稿. “智慧数字化”激发“超级乡村”新动能，2023。
(4) SV超级乡村. 来一场美丽的“双向奔赴”，2023。
(5) 李彪访谈录：2019—2023。

(二) 何斯路村：农文旅融合发展之路

何斯路村位于浙江省义乌市城西的一个山区。全村由2个自然村组成，设11个村民小组，466户1 136人。村区域面积3.7平方千米，有耕地378亩、林地4 095亩。2008年，在外经商的何允辉回村竞选村主任，准备用自己的能力和积累的资源，改变乡村的面貌。上任后的第三天，村里便有几位村民找他诉苦，表示由于家境贫寒，他们通过非正规途径娶来的妻子逃跑了。

在村子的发展过程中，策划相较于规划往往扮演着更为重要的角色。一次饭桌上，何允辉听到我国台湾的一位老师说，如果在义乌的高速公路两旁种上满满的一片薰衣草，这会是什么样的感觉？听从这一建议，何允辉便展开行动，尽管后来经历了多次失败，但他坚持不懈地从新疆引进薰衣草并成功在村里种植，最终打造了义乌的“普罗旺斯”，实现了产业上的精准定位。然而，如何吸引城市居民前来参观呢？何斯路村精心策划了一场“何氏曲酒节”。为了吸引游客，何斯路村宰杀了数头牛，免费提供牛汤和牛血供游客品尝。喝牛血、吃牛汤的时候谁都想喝一口酒，村里杀牛花了 7 万元，但通过销售酒水获得了 20 多万元的收益。这样村子的名气打出去了，来何斯路村赏花拍照、品尝美酒的人越来越多。

随后，何斯路村对村内的多个水塘进行了深挖和连接，形成了一片名为“志成湖”的水域。此外，何斯路村还在湖边建设了“斯路何庄”，作为集接待、餐饮和住宿功能于一体的场所。该项目的用地遵循了集体经营性建设用地入市的相关程序，项目的启动资金来源于众筹。草根休闲农业专业合作社代表村集体，持有村内山水资源的

25%作为生态资源股份，其他股份由村民认购。若村民认购股份后仍有剩余，外部投资者将有机会进行自由投资。随着“斯路何庄”的建成，何斯路村景区的配套设施得到了进一步完善。2015 年至 2017 年，何斯路村的景区门票收入分别为 486.4 万元、423.4 万元、280.45 万元，薰衣草产品销售收入分别为 326.3 万元、566.8 万元、836 万元。

景区需要持续地运营。新修的高架景观桥把景区内的花园分成两半，破坏了花园最初的整体性。何斯路村的村民便依桥借势，大胆创新，开发出桥下经济。通过在桥下放置了 6 辆报废的大巴车，2 辆改造成大巴民宿，2 辆改造成大巴幼儿园，还有 2 辆改造成西餐屋和展销店。其中，大巴幼儿园特别受孩子们的喜欢。

袁隆平曾做过一个“禾下乘凉梦”，梦见水稻长得比高粱还高，稻穗比扫帚还长，稻粒比花生米还大，他和同事就坐在巨型水稻下乘凉。2022 年，在何斯路村的土地上，袁隆平的“禾下乘凉梦”变成了现实，他带队尝试种植了“巨型稻”，3 月育秧，4 月种植，开镰收割 20 亩“禾下乘凉梦”院士稻，为何斯路村带来了新的流量。

隔着志成湖，“斯路何庄”对岸以前是村子最偏的角落。这里新建居民点后，随着游客的进入，有了民宿、针灸馆、土菜馆、咖啡馆等 30 多家经营主体，经营业态非常丰富。有一些房子也被租给外部的创业者。何斯路教育科技公司专注于利用现代科技教儿童国际象棋。开业当天，韩国九届世界围棋冠军曹薰铉、中国女子围棋第一人芮乃伟、围棋国手江铸久到场，与义乌本地棋童现场对弈。2021年，新冠疫情期间，为了帮助在何斯路村创业、生活的新村民渡过难关，在何斯路村“两委”的动员下，村里47户有出租房的村民很快达成一致意见，减免一个月的租金，助力这些“新村民”留在村里过年。

现代教育产业是何斯路村最重要的业态之一。首先是乡村振兴的培训和参观业务。村党支部书记利用个人授课的契机，成功吸引了来自浙江、山东、陕西、贵州、福建等地的考察团前来本村考察学习，并且组织了考察团前往杭州等地参观，从而推动了学习经济的发展。何斯路村现有“中国人民大学经济学院调研点”“中国农业大学农民问题研究所博士生研训点”“浙江师范大学社会学硕士点实践基地”等，给这个偏远山村营造了浓厚的学术气息。清华大学、浙江大学等十几所高校，每年都会到何斯路村开设培训课程。

现在村内还有艺术培训相关的项目。艺考的学生吃住、训练都在村内，给村内创造了不少就业机会，更给村庄带来了新的活力。

在这个基础上，何斯路村创办了“大自然学校”。王群是本地人，“80后”，是孩子们口中的“大瓜”老师。他把幼儿园“种”在何斯路村，在绿水青山间实现了自己创办“大自然学校”的梦想。“大自然学校”项目承包了90亩农田，用于开展劳动教育，种植了玉米、甘蔗、土豆等多种作物。一年中的各个时节，“大自然学校”里都有可以供孩子们体验的作物。他们还聘请了何斯路村的村民作为孩子们的“田园老师”，帮忙打理、讲解作物。除了种地，村里的幼儿园还提供木工手艺课堂，孩子们可以在老师的指导下，自己使用工具制作物品，锻炼动手能力。

为了更好地营造乡村发展旅游的文化环境，何斯路村还首创了“功德银行”制度。为村民设立账户，将村民的嘉言善行记录下来，以积分的形式进行评比，评比后会给优胜者发放一定的奖励，以鼓励良好的言行。何斯路村通过实施“功德银行”制度，有效促进了村风村貌的改善，村民的文明行为给游客留下了深刻印象。现在，全国已经有 8 000 个村庄学习何斯路村的“功德银行”经验。2019 年起，何斯路村的“功德银行”逐步实行网络化运作。村里计划借助“功德银行”平台，构建一个全新的“功德商城”，以“功德银行”的积分作为信用凭证，即第三方平台为全国各地乡村提供信誉支持，通过线上的方式销售各地特色农产品。村内的浙江共富数字科技有限公司就是为实现这一目的而成立的。

除了“功德银行”之外，何斯路村还开展了“老年大学、斯路晨读、青少年百万育才计划”等项目。其中最有特色的是何斯路村的“斯路晨读”，每月在固定日期的早晨组织大家活动，将全村所有人都集中到村广场上，“讲政策、学礼仪、说好话、打太极、唱村歌”，以此增强村民的向心力和认同感。

截至2022年年底，何斯路村集体资产已突破1亿元，村民年人均收入超过62 400元，仅合作社为村民带来的工资性收入就超过500余万元。

参考材料

义乌市人民政府网站. 何斯路村 http://www.yw.gov.cn/art/2023/3/30/art_1229592614_59433550.html。

五、邀你共议

1. 家庭联产承包责任制后村里的耕地资源“包产到户”，分散经营，由于村集体职能的减弱大部分其他资源资产没有得到很好的利用，乡村振兴战略提出后，集体经济发展受到高度重视，村内资源资产也被重新整合利用，请思考：村集体资源资产经营和利益联结机制都有哪些？

2. 汪家村和战旗村都有很明显的多业态融合特征，村集体、村民、外来企业或商户都能很好地融合共赢。请思考其中的主要原因是什么。

3. 人才振兴是乡村振兴的重要支撑点，本土和外来人才的培养对村庄发展有至关重要的作用。请通过阅读材料思考人才在乡村产业发展中的主要作用。

4. 农业是一个很特殊的产业，具有生产、生活、生态、文化、经济等多种功能，这些功能使得农业可以用作景观、科普教育、休闲体验等多种用途，也使得农业农村具有多业态融合的基础。请结合何斯路村的发展经验思考：其该如何延长农业产业链条，实现多产业、多业态融合？

第四章

乡村产业是一个多方融合的有机体

现代经济发展的核心在于经济结构的升级。战旗村近60年的发展，包含了农村“工业化”的过程。发展经济学家张培刚认为，农业国家要想实现经济起飞和发展，必须推动要素组合，整体在城市和农村实行“工业化”。这一过程中，农业与工业是相互依存的。农业是工业和国民经济的基础。基础设施和基础工业的现代化是农业农村现代化的“先行官”。我们从战旗这么一个小的村庄来看，道理也是类似的。农业和副业不能分离，农业与工业之间需要保持一种动态的平衡关系。土地作为村庄发展的基础设施，在产业发展中扮演着“先行官”的角色。社会制度、生产技术是推动变革的关键要素。村庄领头人的企业家式的创新管理非常关键。以村党组织书记为核心的“两委”班子，需要具备足够的智慧和能力，才能推动村庄集体这个社会企业实现生产要素组合的变革或新生产要素的引入，进而推动村庄发展从一个阶段迈向另一个阶段。

农民是推动工业化和农业现代化的核心力量。农业现代化并非从零开始，关键在于妥善处理农民与土地的关系，并且深入挖掘村庄集体的多元化能力。通过资源发包、物业出租、居间服务、资产参股等多种形式，农村集体经济组织在土地规模经营和城乡要素双向流动中发挥着主体作用，推动城乡公共服务的均等化，进而促进宜居、宜业、和美乡村的建设。村庄的发展应以农业为基础，充分发挥其比较优势，进而实现乡村的工业化和现代化。这同样是推动人口向城市化转型的另一条有效途径。村庄的发展是落在区域当中的，是城乡统筹、协调、均衡发展的一部分。乡村产业的发展尤其需要跳出村庄的局限，审视其在区域中的功能和比较优势，充分发挥村庄集体在产业发展中的整合优势，将人力资源、土地资源、村庄资源、产业资源和治理资源相结合，既发挥集体经济的优势，又催生多样化的个体和混合业态，从而增强村域范围内产业的生命力，为乡村创造更多的价值。

一、以土地与产业耦合发展推动村庄更新

战旗村的成功，主要源于土地资源的开发和利用。不管是集体化时期学大寨，还是20世纪80—90年代创办乡镇企业，或者是最近20年通过改革，找到了城市化背景下土地新的价值。这里的产业，既从事传统的粮食等种植业，又搞农产品、副食品的加工，还做农文旅融合，通过土地资源的合理利用，如进行房地产开发，旨在创造更多的价值，推动乡村生活方式的更新。如果把乡村振兴里的产业，只局限在农业生产上，反倒会限制农民的选择。村庄的经济要发展也很难，长此以往，村庄很难留住人。为了维持生计，农民不得不离开家乡，从外部获取收入来源以支持村庄的经济发展。从而使得“工业”在比较长的时间内是乡村最大的产业。在战旗村，各种改革的试点任务也可以看作另外一种独特的产业。用高德敏书记的话来说，这是一门“政治经济学”，其投入产出很高，既有经济的效应，又能吸引领导的注意，为村庄的发展吸纳更多的资源，推动村庄发展迈入新的阶段。因此，有必要丰富对农村产业的理解。

土地和产业是耦合发展的。这里的“耦合”概念指的是土地与产业之间的紧密联系和相互作用。土地的变化，不管是土地的平整提高

了地力，还是土地从集中到分散，又从分散到集中，都明显改变了土地的生产模式、作业方式。农业的发展以土地为基础，地上的作物和产出随之发生变化。这些土地的变化，其背后更为基础的是村民、集体与土地之间关系的变化。这些变化，既有生产上的，又有分配关系上的；既体现在农地上，又体现在建设用地上；还体现在农地和建设用地的关系上。

对村民来说，居住和农业生产是相互关联的。例如，战旗版的“合村并居”政策，通过占用农地并转换为建设用地来建设新的小区，此举增强了村民将农地交给集体的意愿，进而通过人口集中推动了农业的规模化经营。产业的发展是否会对土地利用提出新的要求呢？榕珍菌业、“妈妈农庄”能够在战旗落户，跟村集体对土地的整合能力是直接相关的。没有土地的条件，就没有项目的落地。对于规模化的现代农业来说，特别是对农业产业园区而言，它们要求土地连片并配备完善的水、路等基础设施。类似于工业园区的建设，农业产业园区也需要进行另一种形式的“三通一平”（通电、通水、通路和土地平整），以确保基本要素有所保障。这样新型农业生产主体、经营主体、服务主体才能在集体的土地上长出来。然而，农业的现代化、农村的现代化及农民作为集体经济组织成员的现代化是三个相对独立但又相互关联的过程。三者之间既相互联系，又各自独立，还存在一定的矛盾之处。

土地与产业的耦合发展推动了战旗村的更新与升级。参考何斯路村党组织书记何允辉的观点，我们可以发现，战旗村发展最重要的经验在土地上。战旗村第一阶段的成功，源于农民从土地中解放出来，实现了土地资源的有效配置。许多农民从过去的生产队中获得了承包田，开始独立经营。经过辛勤劳作，解决了温饱问题。随着发展的深入，劳动力逐渐出现过剩现象。把劳动力解放出来的原因是什么？到城里去打工。这一阶段，土地的价值并未得到充分体现。面对这一挑战，村“两委”班子成员为战旗村规划了新的发展道路，通过土地再整合，为战旗村的进一步发展奠定了坚实的基础。接着是一二三产的融合。在整合土地资源的同时，战旗村还充分利用了建设用地和宅基地，进行了第二次资源分配。这样的资源配置方式使得土地上能够孕育出新的组织、新的业态并创造出新的价值。最终，农民的收入得到了持续增加，生活质量得到了显著提高。

“战旗的成功是自己走出来的，很有底气。”在这一过程中，需要妥善处理集体与农民之间的关系，同时协调村庄与乡镇政府、相关部门的关系。然而，需要强调的是，村“两委”班子应当通过合法合规的方式，带领集体成员维护村庄的和谐稳定。所以，土地既是最基础和重要的生产要素，又承载了复杂的生产关系。土地和产业的耦合，背后是治理问题，地的关系背后是人的关系。

二、工农相辅的传统与作为生计的村庄产业

在中国，随着时间的推移许多农民不再以传统农业为主要生计，尽管他们居住在乡村地区，但主要从事工商业活动。若参考经济学教科书的定义，中国的农民和农村的传统定义可能不再适用。什么叫乡村呢？这个定义其实不好界定。《中华人民共和国乡村振兴促进法》里说：本法所称乡村，是指城市建成区以外具有自然、社会、经济特征，以及生产、生活、生态、文化等多重功能的地域综合体，包括乡镇和村庄等。这是用城市和城市的功能来定义乡村。中国的村庄具有其独特的地位和功能，可以视为国家体系中的微观组成部分。为了生计，农民也不只是种地，农业只是农民生活中的一部分。村落通常以集镇为中心，相互连接，形成多元化的产业生态，体现了工农相辅的传统。同时，城市和乡村之间的界限逐渐模糊，形成了更加紧密的城乡融合态势。乡村发展壮大了，就是一座城市。

对村庄错误的想象会限制村庄的发展。1957 年，费孝通教授去苏州的开弦弓村回访，发现这个村的粮食产量有很高的增长，可农民的生活好像还没有原来过得好。问题出在哪呢？他认为是在副业上。农民的生计被局限在农业里。农民的生活因此变得比以前更加困难。

然而，战旗村的情况却有所不同。在集体化时期，“以粮为纲，全面发展”的政策落实得不错。村集体储备粮多，猪也养得好。农民较早地解决了温饱问题。到了20世纪70年代，社队企业在各地蓬勃发展。开弦弓村依靠缫丝业，战旗村通过兴办机砖厂，从副业中寻求效益，为村内劳动力提供了更多的就业机会。进入20世纪80至90年代，战旗村再次迎来了乡镇企业的大发展，农民的非农就业大幅增加，农工结合的发展道路得以顺利推进。土地里生出来新的希望，村庄迸发出新的生命力。进入21世纪以来，战旗村抓住了改革的机遇，借助城市圈的扩张，发展出了榕珍菌业、“妈妈农庄”，既有农产品加工业，又率先走上了农文旅融合的道路。乡村十八坊作为一条传统的小吃街，成功地对战旗村原有的作坊和小食品进行了展示，通过采用工艺品的制作思路来制作食品，不仅提高了产品的附加值，而且还为部分新老村民提供了创业平台。这些都说明，工农相辅的传统既帮助过去的战旗解决了吃饭问题，在新时期又增加了农民收入，为村庄产业的多元发展创造了条件。

齐家治国都是“经济”，这里是经世济民的意思。村庄的发展同样遵循类似的逻辑。战旗村高德敏书记爱用比喻。他说村庄需要经营，发展集体经济主要是要经营土地，发挥土地集体所有制的价值。而经营村庄，不能只是把它当作一个企业来经营，要把它当成一个家庭来经营。如果用这个比喻，村庄的产业就像一个家庭的生计。这里面包含了一个系统的安排，既有农业又有副业。副业办好了，就可以开一个工厂。如果没有技术，家里就业不充分，村民就去城里务工。在战旗村，土地可以有不同的安排。这块土地用来种水稻，那块土地用来种苗木；这一片用来搞农业，那一片用来盖房子；关于农业用地如何转化为工厂用地，以及厂房用地如何进一步转化为宅基地的问题，需要妥善解决。土地经营好了，综合效益就发挥得充分。这里要充分考虑在土地上的规划、谋划，要看得长远，还要抓得住政策的窗口期。

发展乡村产业，最重要的是增加村民的就业机会。如同其他地方的村落，战旗村的村民在村庄内外也呈现多样化的就业方式，既有在村内的，又有在村外的。村民们的就业选择既包括为他人工作，又包括自主投资创办企业，成为企业主。村内的小饭馆、小茶馆及农民自营的观光车等，均是在战旗村红色观光和乡村振兴培训这一主导产业基础上衍生出的新业态。集体经济并非仅限于干部经济，也不仅仅是集体经济组织的经济范畴。集体经济就像一片森林，森林里有各样的树种，有灌木和野草，相互支撑，形成一个有生机、可持续的生态。

三、把村党组织书记培养成乡村社会企业家

火车跑得快，全靠车头带。村党支部是中国乡村基层组织化的基石和核心力量。一个村庄要发生变化，最重要的是有一个好的带头人。战旗村与其他示范村的不同之处在于，它是8任书记连续接力、共同奋斗的成果。战旗村从1965年建村到后面近60年斗争、改革、发展创新，一个重要的经验是：基层党组织有创造力、领导力。村庄的发展是在一个强有力的村领导班子的引领下，与村民共同努力、共同奋斗的结果。当然，这中间也有起有伏。在政策环境有利、村领导班子做出明智选择并能够有效团结农民的情况下，村庄便能够取得新的业绩。

村党支部是党在乡村的堡垒，党的组织和运转系统是上下贯通的。村庄负责执行中央政府的命令，并且服务周边熟悉的农民群众。村党组织要满足农民对美好生活的需要、服务村庄的发展、增加农民的收入。由于基层组织源于村民，因此必须对村民负责，接受村民的质疑和评判，以及日常生活的长期检验。这种机制为党的建设提供了自下而上的动力。这也是农村基层党建和城市机关党建的不同之处。

战旗村在历任村党组织书记的带领下，弘扬“不畏艰难、勇敢向

前”的战旗精神，乘着改革的东风，抓机遇、学先进、谋发展、建新村。战旗村从一个小村庄建成了全国闻名的美丽新村，奋力走在全国乡村振兴前列。许多传统的集体经济强村，在老一辈书记退休后，往往由书记的子女继续接任村支部书记的职位。战旗村却不是这样。战旗村的发展，书记们能够一代接着一代干，是有村集体这么一个组织做基础的。村党组织在此过程中展现出高度的自觉性，具备传帮带的意识并持续追求责任和创业精神。他们始终遵循党的指导，积极响应中央的政策。在明确发展方向后，村里的干部和群众积极组织起来，在符合生产力发展方向的实践中发挥主体创造性，走在前列，因此获得了领导的关注和政府相关资源的倾斜，为村庄的发展创造了比周边村庄更为优越的条件。从这个角度上来说，村子和中央是一体的，是上下纵向互动的。

战旗村在多个方面，如粮食生产、乡镇企业发展、企业改制、新农村建设、股份化改革、拆院并院、土地改革及一二三产融合等方面，除了分田到户外，其余事项的发展大多领先于全国众多村庄。战旗村能够走在前列，除了外部的各种条件和支持外，与村“两委”班子自身，村“两委”班子和群众的关系所展现出来的主动性、创造性密不可分。八任书记连续任职，他们不仅是优秀的基层共产党员，而且更以良好的品德和行动为村庄做出了一系列贡献。然而，更重要的是，村庄集体作为一个组织，基于共同的认知和理念，为村庄的发展提供了坚实的基础。村民对集体是有期望、有权利、有批判、有制约的。每一届村“两委”班子都要接受村民的监督，在村庄的发展历程中接受评判。村“两委”班子的治理水平决定了村庄的治理状况，治理的状况受经济影响的同时又极大影响了村庄进一步的发展。

村党支部书记是村集体改革创新的领头人。在工农城乡变化的新时代，村党支部书记的选拔、培养、成长环境都发生了变化。他们需要增强市场能力，不仅要熟悉乡村环境，而且还需了解城市运作；不仅要具备实干精神，而且还需具备包容和妥协的智慧。怎么创造条件，让更多的能人进入村党支部书记的岗位上来，如何创造各种机会，使他们在村党支部书记的岗位上充分发挥潜力，贡献自己的力量，成为各级部门推动乡村振兴的关键任务之一。

在实际发展的进程中，村庄集体作为一个独立的利益主体发挥着重要的作用。在某些情况下，上级部门发布的指令或命令可能并不完全符合当前村庄发展的实际需求。碰到这种情况，村党支部书记的判断、决断就变得非常重要。村党支部书记不仅需要具备维护本集体利益的斗争精神，而且还需要具备大局观和长远眼光，这要求他们具备多方面的综合素质。当然，从制度层面来看，政府需要在体制、机制等方面进一步优化，以促进村庄发展与政府工作的更好融合。

四、跳出村庄看产业的生长

大部分人认为乡村振兴的核心、关键是产业振兴。有产业才有收入，农民有收入，乡村振兴才可持续。这种逻辑看似具有一定的合理性，但这一看法，大概率是不全面的。如在乡村振兴中，治理的问题其实更基础（所以要抓党建）。如果非要说乡村振兴的核心，笔者认为村民的就业和公共服务才是核心。然而，村民的就业和公共服务与产业发展，特别是农业产业的发展，实际上是两个不同的方面。战旗村并不是先有产业，才有走在前列的经验的，它靠的主要是村庄这个集体的组织力和创造力。产业的发展，集体经济的增加，是作为主体的集体发展的结果。它是各种主观、客观条件具备后生发出来的。

发展乡村产业，首先要抛弃传统的种地卖粮的思路。农民在农村从事农业生产，通常具有其独特的比较优势。但在农产品供过于求的市场环境下，除非依赖补贴，否则进行粮食的规模生产，以及种植蔬菜、水果等经济作物均面临较大的市场风险。随着劳动力价格的上涨，以及村民与土地逐渐分离的趋势，传统小规模的农户正逐渐退出农产品的商业化供给。农业的规模化、专业化、资本化的趋势越来越明显。在这一趋势下，村集体经济组织的主要优势在于其熟悉农民和土地集体所有的情况，能够作为农地经营权的持有者及社会化服务的供给者发挥重要作用。以战旗村为例，村党组织书记有条件成为粮食安全的重要守护者。整合土地、培育新型经营主体、提高农业补贴资金的实际使用效率，村集体大有可为。

发展乡村产业，要有区域视野。从战旗近 60 年的经验来看，不管是集体化时期战旗砖厂的发展，还是化肥厂的建设，抑或是乡村振兴学院的经营，都不是村庄自己的事情。观察市场，我们发现市场主要存在于村庄之外。在政策层面，村庄往往只能被动地接受外部政策的影响；技术和资金，大部分资源都集中在城市；至于人才层面，鲜有城市的优秀人才愿意到村庄内创业。村庄内部的优势主要包括土地资源、廉价的劳动力及政府提供的有限优惠政策。从以上各种条件来看，产业振兴是乡村振兴的难中之难。但是，并不是因为有乡村的产业振兴，才有乡村的振兴，两者并没有因果关系。

在考察一个村庄的发展时，我们需要将其置于更广泛的区域背景中进行综合考量。我们需要识别村庄可能具备的比较优势，并且评估其在政府农业农村发展战略中的定位。同时，还需要考虑村庄本身所具备的主观和客观条件，以及如何通过扩大投入和创新组合来优化这些要素。村庄里什么样的产品和服务能够满足市场（和政府）哪一部分群体的需求？跟其他村子比，有没有竞争力？我们需要明确哪些服务能够带来经济收益，哪些服务虽然可能产生亏损但出于某种原因（如社会责任、公共服务等）仍需要继续提供。怎么才能够降低村庄运行和治理的成本，又如何提高自己在乡村振兴这个“政治—经济—社会”市场中的价值和位置。这不是一件简单、短期内能完成的任务。在城市和乡村之间，在政府和社会构成的、复杂的乡村振兴的社会市场里，一个村庄找到自己的定位，发挥好自己的优势，不断推陈出新，迸发出自己的生命力，是一场持久战。

战旗村大事记

1950 年 **解放**

四川省崇宁县解放，反动势力发动大暴动，但被迅速镇压。取消保甲制，建立了农民协会。

1951 年 **土改**

1951 年，成都市崇宁县（辖今唐昌镇）土地改革委员会成立，次年完成土改。

1952 年 **互助组**

1952 年，集凤村由杨洪发起成立星星互助组。

1954 年 **初级社**

实行以人定量，计划供应粮油，1954 年成立了金星初级农业生产合作社。

1955 年 **统购统销**

全县农村全面开展“定产、定购、定销”的“三定”工作。

1956 年 **高级社**

1956 年金星高级农业生产合作社成立。

1958 年 **人民公社**

1958 年毛泽东主席到郫都区红光公社考察。先锋人民公社成立。

1960 年 **“三级所有、队为基础”**

人民公社体制调整为“三级所有、队为基础”。1962 年，以此为主要内容的《农村人民公社工作条例（修正草案）》，简称《人民公社六十条》，正式颁布执行。

1965 年 **集凤大队从金星大队分出**

在“四清”工作队的主持下，1965 年原金星大队的三大队分出设立为集凤大队。当时分得三间猪圈房、一个木制文件柜、三把圈椅，还有 700 元的债务。

郫都区开展农业学大寨运动，进行农田基本建设。

1966 年 **集凤大队改名为战旗大队，开展“文化大革命”**

经大队支书蒋大兴提议，集凤大队改名为战旗大队。

年底先锋公社召开“文化大革命”动员大会。战旗大队成立群众组织，开展活动。“文革”时期村内秩序井然。

1971 年 **农田水利建设**

战旗大队对支、斗、农、毛各级渠道的全面修缮，改造下湿田、漕田 400 多亩。

1973 年 **水稻和小麦单产位居全县榜首**

战旗大队水稻亩产量达 762 斤，小麦亩产量达 520 斤，居全县榜首。农业生产实行分组作业、联产计酬。

四川省军区民兵工作会议，印发调查报告《战旗大队党支部是怎样在三大革命运动中加强民兵建设的》。

1973—1975 年 **战旗民兵连建设与条田改造**

战旗民兵连代表多次参与省级大会，在大队支书罗会金带领下积极参与考核和水、土改造工程，条田改造，获得上级表彰。后罗会金调到先锋公社担任党委书记，李世炳任战旗大队支书。

战旗做到了“沟端路直树成行”，实现了条田化体系。

1977 年 **停种双季稻**

战旗大队停止了栽种双季稻，主攻中稻。随着粮食产量增加，基本解决了吃饱饭问题。

1975—1980 年 **集体集中居住区初建**

1975 年，大队书记李世炳带队去大寨学习，回战旗大队之后，规划修建了战旗新村。1980 年，第一个农民集中居住区建成，17 户 87 人入住。

1979—1982 年 **社队企业蓬勃发展**

1979 年，在县人民武装部引导下，利用大队逐年积累的粮食储备的变卖款，投资购买了机器。以本大队良田 30 亩调换了相邻园艺村的山地，开办大队第一家集体企业——先锋第一机砖厂。大队酿造厂建成投产。1982 年又创办了大队树脂厂。

1983 **年** **“包产到户”，社企承包**

1981 年，战旗大队只有 3 户举手表示同意“包产到户”。大队到县政府报告后同意“包产到户”暂缓执行。1983 年，顺应形势全面实行土地分包到户的联产承包责任制。大队企业实行承包制。

1983 年 10 月战旗大队改名为战旗村。

20 **世纪** 80 **年代至** 90 **年代** **乡镇企业蓬勃发展**

战旗大队改为战旗村。兴办战旗酒厂、机面厂、铸造厂等大小 15 个村办企业。1984 年，国家将社队企业正式更名为乡镇企业。

1985 年，全村多于半数劳动力从事企业工作和务工。1987 年办铸造厂（1991 年停业），1987 年，战旗村完成了第一轮企业承包。

1989 年酒厂破产，建面粉厂。1990 年在郫都区武装部帮助下筹建郫都区复合肥料厂。1992 年修建郫都区会富豆瓣厂。

1994 **年** **乡镇企业改制**

1994 年，各地开始试行农村股份合作社，以推进乡镇企业改制。郫都区开展股份制试点，战旗村五个效益较好的企业被整合成立了一个股份合作公司，即成都市集凤实业总公司。规定股权只能在企业内部进行转让。

1994—1997 **年** **军民共建**

战旗村连续四年被评为成都市军民共建先进单位，并被中宣部、中国人民解放军总政治部评为“双拥共建社会主义精神文明先进单位”。

1998 **年** **土地二轮承包**

第一轮承包到期，年底，战旗村进行了第二轮土地承包工作，严格按照“大稳定，小调整”的原则，承包期延长到 30 年。

2002 **年** **村“两委”换届**

战旗村“两委”换届，李世立书记和高德敏主任上任。

2003 **年** **完成集体企业改制**

1998 年，国家政策鼓励企业主购买村办企业。战旗村村办企业在承包基础上由经营者购买企业股，职工也获得少量个人股，但随即出现个人获利、集体亏损状况。2003 年，村党支部决定进行集体企业第二次改制，收回个人拥有的集体企业股份，彻底清产核资，建立了村集体拥有全资的“集凤实业有限公司”，并重新招标企业经营者，签订企业租赁合同。经此改革，2004—2006 年，集体企业给村集体贡献的总收入较前增加了 500 多万元。

2003 **年** **小范围试验农地流转**

2003 年，时任村党支部书记的李世立和村委会主任高德敏到华西村、南街村等地考察，发现集体经济实现规模经营要依靠土地集中。回村后进行宣传，并首先在第 5 组、第 7 组展开土地集中的试点，党员、村干部带头，每组拿出 50 亩。

2006 **年** **建立集体合作社，经营村内农地**

国家取消农业税。

2006 年，在自愿有偿的原则下，战旗村村委会引导村民以土地承包经营权入股，共集中 600 亩，成立集体全资的战旗农业股份合作社（2009 年注册为战旗蔬菜专业合作社）。按 9 个生产队成立分社，农户与分社集体签订有偿流转委托书，分社长代表农户与总社签委托书。

合作社成立后，县农发部门给予 300 万元的项目支持经费，用于土地整理，修建沟、路、桥等基础设施，并建立水电大棚做设施农业。

2006 **年** **承办“大学生进农家”活动**

2006 年，战旗村争取到“成都市第一批新农村文化建设试点村”的下派任务，全村农户接纳 300 多名大学生，开展“高校 + 支部 + 农户”大学生进农家活动。

2007 **年** **招商引资引进第一家现代农业企业**

春节后，经成都市委领导指示，战旗村成为农村新型社区首批试点。榕珍菌业于 2007 年 8 月 3 日正式在战旗现代农业园区落户，占地 301.5 亩，以工厂化方式生产食用菌，解决了战旗村和金星村

400 个农民的就业。

2007—2009 年 **村民集中居住**

2003 年，在土地向集体集中的同时，村“两委”开始设想集中居住。

2005 年，村干部看到郫都区关于拆院并院的 45 号文件。

2006 年下半年，战旗村去唐元镇长林村参观拆院并院项目，开始考虑战旗村集中居住规划。

2007 年，成都市出台土地增减挂钩政策。战旗村集中了 60 处院落 400 多户宅基地的 440.8 亩，以其中 215 亩作为安置村民的小区建设及基础设施用地，另 208 亩建设用地指标拟利用增减挂钩政策置换建设小区的资金。

2007 年 6 月，成都市被批准设立全国统筹城乡综合配套改革试验区，战旗村成为全市首家农村新型社区建设示范点。

2007 年到 2008 年战旗村进行集中居住小区建设，2009 年小区建成，96%的村民实现了集中居住。

2009—2011 年 **农地集中 95%**

集中居住后，更多农民进入企业工作，集中土地的意愿增强。2010 年年底，村集体合作社集中土地 1 600 亩，占全村耕地 80%。2011 年，集中的土地增至 1 820 亩，占全村耕地 95%。其中，合作社集体经营 90 亩土地进行新品种示范，1 740 亩流转给 16 家业主和龙头企业，地租逐渐涨至 1 800 元一亩。

2011 年 **土地权属调整**

2011 年，成都市进行农村产权制度改革。战旗在土地集中、住宅集中的基础上，以村为单位，重新进行承包地、宅基地、建设用地的权属调整。为确定分地的资格，定 2011 年 4 月 20 日零点为确定集体经济组织成员资格的标准时间。最终经全体村民通过，实现了按人口平均分地。每个集体经济组织成员分得承包农地 1 亩 1 分 3 厘 7，每户分得宅基地 80 平方米。各村组（生产队）的土地面积也调成一个样。集体经济组织成员的土地实现确权不确地后，方便村集体统一管理，统一流转，统一分配，也为之后招商引资、土地入市创造了条件。

2011—2013 **年** **谋划产业升级**

2011 年战旗村以集体建设用地 23.8 亩入股，与外部资本合办“妈妈农场”，占股 5%。“妈妈农场”占地 600 亩，含 400 亩薰衣草田和各类花卉种植。2012 年，“妈妈农场”功能区落地，含酒店、餐饮、会议室和休闲区域，当年开业。

2013 年，引入四川蓝彩虹生态农业有限公司，种植蓝莓。

2014 年，肥料厂旧址被二次利用，引入郫都区满江红调味食品有限公司。

2015 **年** **准备集体经济产权制度改革方案**

2015 年，农业部、国家林业和草原局、自然资源部及市县有关部门到战旗村考察调研产权制度改革工作，战旗村起草《集体经济股份化改造试点工作实施方案》，对所有集体资产进行股份量化。

2015 **年** **集体经营性建设用地入市，建成五季·香境文旅综合体**

战旗村争取到土地入市政策，成为全市 33 个集体经营性建设用地入市试点之一。出让关停的复合肥厂和老村委会 13 亩多建设用地。四川迈高旅游公司以 52.5 万元/亩的价格，取得这块集体建设用地 40 年的使用权，敲响了全省农村集体经营性建设用地入市交易“第一槌”。

之后与迈高公司合作，建成五季·香境文旅综合体。

2015 **年** **建立村集体全资的非农资产管理公司**

战旗村注册“唐昌镇战旗资产管理有限公司”，与 2009 年注册的战旗专业合作社一样，成为村集体全资拥有的集体经济组织。2003 年注册的“集凤实业有限公司”更名为“集凤投资有限公司”，“集凤实业公司”拥有的非农的集体资产全部归入“唐昌镇战旗资产管理公司”的集体资产。

2016 年 **划为水源地，绿色转型**

2014 年，中央提出生态文明建设。2016 年，战旗村被列为水源保护区，相继关停集体砖厂、预制板厂、复合肥厂、润源铸造厂、覆膜砂厂。村民代表 40 人考察袁家村，思考产业转型。

2017 年 **召开首届四川村主任论坛**

2017 年，首届四川村委会主任论坛暨村社发展大会在战旗村召开。

2017—2019 年 **建设乡村十八坊**

2017 年，村集体经村民大会通过开始建设乡村十八坊，于 2019 年 8 月正式开张。这是战旗村集体自主实施、自主修建、自主运营的第一座大型乡村产业业态，由村集体资产管理公司统一管理。

2018 年 **习近平总书记视察**

2018 年 2 月 12 日，习近平总书记考察战旗村，作重要讲话，表彰其“战旗飘飘，名副其实”，嘱咐其在乡村振兴中，继续“走在前列，起好示范”。

2018 年 **建成战旗乡村振兴培训学院**

2018 年 9 月，战旗乡村振兴培训学院注册成立。占地 28 亩，由战旗村集体出资，并占 51%的股份，国企出资建造地上建筑。该学院旨在打造最接地气、最具特色的乡村振兴人才实训教育典范基地。

2019 年 **中延菌业全资收购榕珍菌业**

2019 年，台湾企业中延菌业到战旗村，全资收购了榕珍菌业，未来计划将产业链延伸到农业休闲体验，进一步融入战旗村一二三产融合的产业体系。

2019—2021 年 **与国企合作，土地作价入股**

2019 年，战旗村以探索土地作价入股的方式发展集体经济。先后和国有公司郫都区建筑工程公司合作建造乡村振兴学院、农耕博物馆、战旗天府酒店。

2020 年 **壹里老街**

2020 年 7 月，壹里老街开街。

2020 年 **金星村合并**

2020 年 6 月，金星村并入战旗村。进行金星片区宅基地改革试点，拟整理建设用地，建设新小区。政府成立工作专班，定位红色战旗片区，重新规划，投入资金进行改造。

高德敏书记荣获全国劳动模范称号。

2021 年 **乡村治理先进典型**

2021 年 4 月，战旗村被四川省委城乡基层治理委员会评为“四川省首批乡村治理示范村镇”；6 月 28 日，战旗村党委被中共中央授予“全国先进基层党组织”称号。

2022 年 **村委会职能部门调整为四大办**

2020 年，村委会职能部门设置六大办公室（产业办、景区办、综合办、农发办、村建办、财务办），2022 年调整为四大办公室（党群办、综治办、振兴办、财务办）。

2022 年 **台丽农庄接手“妈妈农庄” 企业管理集团公司成立**

台丽（四川）农业科技有限公司于 2022 年 4 月接手“妈妈农庄”，改名为“台丽农庄”。

四川旅游投资公司与战旗村集体合资的战旗天府酒店开始运营。

由战旗资产管理有限公司、台丽公司参股，共七家股东组成的战旗村企业管理集团有限公司，开展电子商务营销服务和战旗村品牌提升服务。

后记

产业振兴是乡村振兴工作中最受关注的内容之一。本书是“乡村振兴说战旗系列丛书”的“产业篇”。本书的编写旨在从实践中汲取经验，再将其应用于实践中，通过深入研究战旗村的实践经验，厘清事实真相并期望揭示其中的深层道理，为更多的实践者提供借鉴，进而催生新的实践经验。秉持这一初衷，我们反复调整写作思路，和战旗村的村干部、群众一起工作，努力想要把战旗村发生的事情及其背后的机制说清楚。

如果将战旗村比作一个大家庭，那么其产业便是这个家庭的生计支柱。作为一个资源条件普通、产业基础薄弱的传统农业村庄，战旗村经历了从“农业学大寨”到乡镇企业蓬勃发展，再到村企积极转型，以及新时期一二三产融合发展的历程，其产业发展历史具有一定的代表性。但稍有不同的是，战旗村一直发挥着村庄这个集体的主体性，在时代的变化中坚持创新发展。虽然其间也有徘徊，也有纠错，但是八任村党组织书记始终带领着战旗村村民积极学习，勇于创新，根据自身的情况，发挥政治经济社会比较优势，不断积累，走在了乡村发展的前列。战旗村的发展是一部长长的“创业史”。

为深入剖析战旗村产业发展的经验教训，紧密结合本系列丛书作为培训教材的整体定位，本书重点围绕土地驱动村庄发展、集体主动推动产业转型升级、集体经济统筹下的多业态融合发展及从战旗村视角审视乡村产业发展等四个方面展开论述。本书的撰写方式注重真实呈现战旗村自建立以来的具体案例，与读者共同品味那些使战旗村脱颖而出、取得显著成就的真实历程和故事，共同感受战旗村人的情感与信念，并且一同思考与探究其中蕴含的价值。

本书各部分的作者如下：第一、四章由陈晶晶编写；第二、三章由陈静编写，全书由陈静统稿。书中各章的“同类做法”部分由多人合作编写而成，第一章的两篇、第三章的第一篇为杨团，第一章的第三篇为仝志辉，第二章的第一篇为魏丽莉，第二章的第二篇为续志琦，第三章的第二篇为陈晶晶。此外，孙同全、孙思语、张浩在资料收集和书稿讨论过程中给予了很大帮助，杨团、周王瑜、吕松波和辛迪参与了本书部分初稿的撰写，在此感谢大家的付出和贡献。

本书的写作参考了陈晶晶编著的《村庄十年》《战旗飘飘》（尚未正式出版），杨团、刘建进、仝志辉主编的《探路乡村振兴的基层实践》，董筱丹所著《一个村庄的奋斗 1965—2020》等著作。

本书的撰写得到了战旗村村集体及其村民的鼎力支持。李世立、高德敏、冯忠会、高玉春、罗会富、苏运明、易克艳等人详细回顾了战旗村的重要变迁，以口述史的形式为我们提供了生动且珍贵的历史资料。杨明学、方磊、苏永全、杨建明等人详细阐述了战旗村产业发展的具体做法和典型案例。台丽农庄的詹茂胜董事长和中延菌业的董事长助理徐健哲也热心介绍了各自企业在战旗村落地及发展的情况。

本书得到战旗村党委书记高德敏的大力支持，全书自酝酿提纲到终稿完成，他都提供了重要的思想和具体意见，真正做到了有问必答、有错必纠；方磊也为纠正、弥补文稿中的错漏提供了具体的意见；四川战旗乡村振兴培训学院的领导和工作人员为我们的调研、写作提供了周到的服务。

战旗村人对笔者的支持和信任，源于他们对战旗村的深厚情感与热爱。希望本书能不负他们的期望，同时向他们致以真诚的敬意和感谢。鉴于写作时间有限及笔者的知识水平欠缺，书中难免有错漏之处，竭诚欢迎读者批评指正。

本书的撰写是在北京农禾之家咨询服务中心及其研究组的整体策划下进行的。研究组对战旗村进行了全方位调研，努力将多年在农村调研的认知，融入对战旗村经验的提炼和总结，这也是对“用中国道理总结好中国经验”这一理念的积极探索与实践。北京农禾之家农村发展基金会秘书长葛宁、副秘书长吕松波参加了有关本书编撰的调研活动；吕松波在调研组织、资料整理、内文编辑及联系出版等多个环节中，均付出了大量的辛勤努力。在此一并致谢！

2024 年 2 月

内 容 提 要

本书阐述了战旗村发挥村庄整体优势，集体主动式发展产业的历史进程和经验做法。从“农业学大赛”一直到一二三产业融合发展，战旗村产业发展有其自身的特点：集体主动推动通过土地变革带动产业转型升级，结合内外部条件，在集体经济统筹下找准定位，带动多业态融合发展。在总结战旗村产业发展经验的基础上，本书还引入了7个同类村庄产业发展的案例，总结出村庄产业发展的若干要件：土地关系与产业发展要相辅相成、相互成就；集体与个体利益要协调统一、互惠互利；业态与业态之间要融合互促、定位明确；乡村治理、人才培养、文化传承、区域协调等要共同作用。具备上述要件，才能达成村庄产业兴旺和农民的共同富裕的目标。